Anekdoten von Adolph Menzel

Eine giftige kleine Kröte

Anekdoten von Adolph Menzel

Herausgegeben von Gisold Lammel

EULENSPIEGEL VERLAG

Physiognomisches Gedächtnis

Adolph Menzel ging im Park von Friedrichsaue spazieren. Da hörte er plötzlich vom Seeufer her ein furchtbares Kindergeschrei. Am Wasser stand ein kleiner Junge, schwenkte die Arme hin und her und brüllte: »Hilfe! Hilfe! Tante Menzel ersauft!« Der Maler stürzte so schnell er vermochte an die Gestade des Sees, wo der Junge schreiend auf die Mitte des Sees deutete, wo Adolph seine Schwägerin Elisabeth erkannte, die sich schwimmend mit allerlei wilden Gebärden im Wasser vergnügte und ab und zu ihrem Neufundländer Rustow einen Fußtritt versetzte, der ebenso vergnügt das Morgenbad genoß wie sie. Menzel lachte und legte beruhigend seine Hand auf den blonden Schopf des Jungen: »Du kannst Dich beruhigen. Tante Menzel ersauft nicht.«

Viele, viele Jahre später starb die Majorin Klugmann, Elisabeths Kusine, die durch ihren Witz und Geist in der Berliner Gesellschaft eine Rolle gespielt hatte und eine bekannte und umworbene Persönlichkeit war. Bei der Trauerfeier in der Dreifaltigkeitskirche befand sich unter den vielen Teilnehmern der jetzt schon alternde Adolph von Menzel. Er war einer der Ersten, der nach der Feier die Kirche verließ. Als er hinaustrat, sah er am Portal einen jungen Generalstabsoffizier stehen. Der Offizier salutierte: »Guten Tag, Exzellenz.« Menzel sah sich nach ihm um, stutzte einen Augenblick, legte den Finger an die Stirn und sagte: »Sie können sich beruhigen, Tante Menzel ist nicht ersoffen.« Der Offizier war sprachlos. Es war derselbe Hermann von Runkel, der als kleiner Junge einst die Hilferufe für Elisabeth Menzel energisch in den Morgen trompetete (...). Menzel hatte ihn niemals wieder gesehen. Er ging lächelnd aus der Kirche und war zufrieden mit seinem physiognomischen Gedächtnis, denn er hatte in den Zügen des Mannes den brüllenden Jungen von damals wiedererkannt. (5)*

Verspätungen

Pünktlichkeit war seine schwächste Seite. Zu keiner Eröffnungsfeier wurde er mit seiner einfachen Toilette fertig, immer wieder sah er sich den oder den Gegenstand noch einmal an oder kehrte ins Atelier zurück, um noch schnell einen vergessenen Strich anzubringen. Bei einer um 12 Uhr angesetzten Eröffnungsfeier der Landesausstellung erschien er ›pünktlich‹ um 14.30 Uhr, gerade als im Bankettsaal die Suppe aufgetragen wurde, und behauptete kaustisch: »Na, die hätte ich auch noch versäumen können!« (4)

Verfehlter Trinkspruch

Im verflossenen Jahre [1904] stieß bei einem Glas Wein sein Partner einmal mit ihm an auf«Ihren hundertsten Geburtstag», worauf Menzel scherzhaft erwiderte: »Warum wollen Sie mir eine Zeit vorschreiben? Ich habe noch für zwanzig Jahre Arbeit!« (26)

* *Die in Klammern angegebenen Zahlen beziehen sich auf das Quellenverzeichnis Seite 137.*

Nachdenken über das Alter

Bei jenem letzten Besuch kam ich im Laufe des Gesprächs auf seinen 90. Geburtstag zu sprechen und erwähnte, daß es eine großartige Feier werden würde. Menzel: »Nun, wir wollen nicht so früh planen, man fühlt doch, daß man alt wird. Freilich, mein Hausarzt hat mir erst vor kurzem gesagt, ich würde 100 Jahre alt werden; ich bin auch mit 90 zufrieden, aber ich darf doch den Arzt nicht Lügen strafen!« – Er schlug eine wohl an diesem Tag erhaltene Münchener Kunstzeitschrift auf, die einen reich bebilderten Aufsatz über ihn enthielt und die Überschrift trug: ›Altmeister Menzel‹. Er knurrte: »Warum bloß Altmeister? Wenn man was erreicht hat, so ist man schon an sich ein Meister. Altmeister klingt immer nach altsein, das braucht man einem nicht erst aufs Butterbrot zu schmieren. Da gab man mir mal im Berliner Künstlerverein ein intimes Fest, und Professor Ernst Herter, ein lieber Freund von mir, hielt eine Rede auf mich. Als er ›Altmeister‹ sagte, hob ich drohend den Finger der rechten Hand, und das wiederholte sich, wenn er von neuem das Wort gebrauchen wollte, und es im letzten Augenblick verschluckte. Das war so komisch, daß ich auch meinen Ärger hinunterschluckte." (18)

Tierliebe

Aus der durch »Hochkirch« für uns berühmt gewordenen Ritterstraße ist mir ein Geschichtchen in Erinnerung, das eine große Tierliebe dokumentiert. Eine Maus hatte die Nachtruhe der Familie wiederholt gestört, und im Familienrat wurde beschlossen, eine Falle aufzustellen, in der das Tier sich auch alsbald fing. Das corpus delicti wurde auf den runden Tisch unter der Hängelampe gestellt, um den sich die ganze Familie versammelte, um sich das niedliche Tier anzusehen, das Menzel natürlich sofort zeichnete. Da erschien endlich Menzels Schwester, um der »sentimentalen« Sitzung ein Ende zu machen und den Störenfried in einem Eimer Wasser nach dem Jenseits zu befördern. Menzel aber und sein Schwager Krigar protestierten auf das heftigste und beantragten unbedingte Freilassung, wogegen wieder die Gegenpartei heftige Vorstellungen erhob. Da nahmen Menzel und Krigar einen Stock, den sie durch das Oberteil der Falle steckten, gingen nachts die öde Ritterstraße hinab, bis sie am Cottbuser Felde endigte, in welches sie noch bei finsterer Nacht ein Stück hinausgingen, wo sie dann die Maus in Freiheit setzten. (13)

Am Morgen etwas Gutes sehen

Kurz vor seiner Abreise nach Kissingen macht Fräulein X bei Menzel einen Besuch. Er ist in Verlegenheit, denn überall sind Handwerker, und es ist nichts für elegante Frauen in dem Milieu. – Menzel sagt: »Aber wir gehen in mein Schlafzimmer; ich wohne ja bei Frederich.« Gesagt, getan. Und als im Laufe des Gesprächs der Blick der Dame an den beiden Fotografien über dem bescheidenen Waschtisch haftet (es war Michelangelos »Moses« und Michelangelos »Pieta«), meinte die alte Exzellenz, den Augen der Besucherin folgend: »Ja, man muß am Morgen immer gleich etwas Gutes sehen. Dasselbe hat mir auch der Kaiser einmal gesagt, indem er mich in sein Arbeitszimmer im Neuen Palais führte. Und was sah ich? Mein ›Hochkirchbild‹. – Das meinte der Kaiser mit dem Guten.« (10)

Der Bücherfreund

»Paul«, sagte eines Tages der Altmeister zu seinem Schüler auf dem Boden der Zoologie, P. Meyerheim, »besorge mir doch mal dieses oder jenes Buch.«

P. Meyerheim erfüllte wie immer getreulich den Auftrag. Es war ein seltener Druck. Menzel nimmt den Band mit freudiger Wallung entgegen, stutzt, betrachtet ihn aufmerksam, rückt an der Brille, räuspert sich und fragt ahnungsvoll: »Warum ist denn das große Stück Kork daran gebunden?« – »Damit es nicht untergeht.« (3)

Steuerprobleme

Einen Todfeind sieht er in dem Steuereinnehmer. Dieser traut sich nur in das Atelier, wenn ihn Frau Krigar begleitet; sie muß dann alle Beredsamkeit aufbieten, um den erbosten Bruder zu beruhigen. Bei jeder Veranlagung hält er sich für überschätzt: »Was Sie da nur von meinen guten pekuniären Verhältnissen fabeln! Von meinem Vermögen! Daß dieses nicht sich bis zum Himmel türmt, dafür ist durch allerlei

Verwandtenelend in der Provinz gesorgt! Und dann diese Steuern!« In bewegten Worten versucht der kleine Meister dem Beamten klarzumachen, daß er keine Steuern weiter zahlen könne, daß – wenn dies weiter verlangt würde – er nach Monte Carlo, wo Steuerfreiheit sei, auswandern würde. – »Wir haben mit Frankreich Frieden geschlossen, nun ist es an der Zeit, daß der Staat auch seinen Frieden mit dem steuerzahlenden Bürger macht.« (16)

Soloessen

Abends 11 Uhr besuchte er gewöhnlich seine alte Stammkneipe, die Weinhandlung von Frederich, Potsdamer Straße. Er war dort seit Jahrzehnten bekannt, und da er es nie liebte, daß von ihm Notiz genommen werde, so hatten die Kellner und Bediensteten die Order, den Meister durch keinerlei Begrüßung und Redensart zu inkommodieren. Er nahm an einem Tische in einer Ecke Platz und kippte die übrigen Stühle um. Als ich ihn einmal fragte, ob er als alter Don Juan hier heute noch Besuch erwarte, erwiderte er sarkastisch: »O nein, aber wenn ich hier endlich in Ruhe mein Mittagbrot essen will, wobei mir das Kauen schon schwer fällt, dann kommt irgendein mir unbekannter Freund und will sich mit mir über meinen längst verstorbenen Schwager oder dergleichen unterhalten. Und das stört mich. Deshalb drehe ich die Stühle um und sage dem Betreffenden, daß ich noch Besuch erwarte.« (21)

Unpassende Fragen

Wehe, wenn Freunde oder Neugierige es versuchten, Menzel bei der Mahlzeit zu begrüßen oder anzusprechen. Mürrisch und grob ließ er die Unglücklichen abfahren. Seinem guten Freund und Schüler Fritz Werner antwortete er einmal bei solcher Gelegenheit auf die Frage: »Wie geht es dir?« in brummigem Ton: »Das geht dich gar nichts an, ich esse jetzt.« –

Ein Fremder, der den einzigen Stuhl an dem kleinen Tischchen, an dem Menzel zu speisen pflegte, einnehmen wollte und höflich fragte: »Es stört doch nicht, darf ich hier Platz nehmen?« erhielt er die lakonische Antwort: »Doch stört es! Nehmen Sie doch anderswo Platz.« (22)

Gescholtene Wache

Da Menzels Schroffheit und Unnahbarkeit gekannt und gefürchtet war, getrauten sich die Gäste in der Weinstube Frederich nie an ihn heran, sondern begnügten sich damit, aus respektvoller Ferne zu beobachten, wie ihm Speise und Trank mundeten. Eines Tages faßte sich aber doch der junge Maler Fr. ein Herz, stellte sich dem Künstler vor und fragte ihn, ob er einen Rat von ihm erbitten dürfe. Menzel erhob sich von seinem Sitz, hörte den Maler eine Weile stehend an und lud ihn alsdann ganz wider seine Gewohnheit freundlich ein, Platz zu nehmen. Nachdem die beiden Herren längere Zeit höchst angeregt zusammen geplaudert hatten, lehnte sich

Exzellenz auf seinen Sofaplatz zurück und schlief ein. Fr. wagte den Schlummer nicht zu stören, saß eine Weile mäuschenstill da, holte sich dann endlich behutsam eine Zeitung, las diese durch, holte sich dann noch eine Zeitung und wieder eine Zeitung. Das Lokal leerte sich mehr und mehr, der Zeiger an der Uhr rückte weiter und weiter vor, Menzel schlummerte noch immer.

Der junge Mann wagte weder sich zu entfernen noch den alten Herrn aufzuwecken. Plötzlich fährt dieser aus seinem Schlummer auf, sieht nach der Uhr und ruft: »Donnerwetter, schon zwei Uhr! Kellner, zahlen!« Fr. sucht einige Bemerkungen zu stottern, doch Menzel fährt ihn barsch an: »Warum haben Sie mich so lange schlafen lassen?« und läßt den Maler, der den dreistündigen Schlaf von Exzellenz nicht zu stören gewagt hatte, ohne Dank und Gruß stehen. (10)

Zylinderaffäre

Nachdem der Senior Menzel bei Frederich sein Fläschchen geleert hatte, trieb's ihn wohl noch ein wenig zum Café Josty zu wandern, um, wie wir vermuteten, dort den Sonnenaufgang zu erleben, was bei dem alten Herrn öfter vorgekommen sein soll.

Also Menzel steht auf, geht vorsichtig, bei seiner Kurzsichtigkeit tappend, an die Reihe der Festhüte, um den seinen herauszusuchen, indes alle Augen auf sein heimliches Tun gerichtet sind. Allgemeines unterdrücktes Lachen, denn vorsichtig hat der Meister jetzt schon den dritten Zylinderhut in der Arbeit, hat ihn vor die Brust geklemmt, um herauszukriegen, ob's nicht etwa ein Chapeau claque sei. Der alte Calandrelli, der Bildhauer – sein Jugendfreund – ruft vergnügt zu einem Freunde hinüber: »Sieh doch, sieh doch, Paul, jetzt drückt er deinen neuen Zylinder ein«, springt dann aber plötzlich mit lautem Geschrei auf und entwindet dem Meister den vierten Hut. Zu spät!

»Adolph, jetzt hast du auch meine teure Angströhre verschandelt, die mußt du mir ersetzen, da hilft dir nichts.« Und der Meister darauf: »Was willst du, ich werde ihn aufbügeln lassen.« Doch der andere antwortete: »Is nicht, das gibt's nicht, du hast ihn mir ganz eingebeult, da hilft kein Bügeln.« Menzel aber bleibt ganz ruhig: »Laß mich in Ruh, ich werde dir morgen einen andern schicken«, setzte sich den eingebeulten Hut seines Freundes auf, ohne weiter nach dem eignen zu suchen, und verließ ungerührt die Unheilstätte. (22)

Kein Spielverderber

Seine Geburtstage, deren lendemains stets offiziellen Katzenjammer mit sich brachten, oder die akademischen Jahresfeste, wie sie namentlich unter Endes Präsidium gefeiert wurden, brachten reizende Rencontres mit ihm. Er war kein Spielverderber und hielt aus, hat sich auch manchmal mit Langmut gefallen lassen, von mir mit Hexametern vexiert zu werden – einmal gab er mir sogar ohne Worte einen schallenden Kuß zum Danke.

Festliche Stimmung war es auch, in der ich den Unvergleichlichen zum letzten Male gesehen habe, nämlich bei der Feier des 80. Geburtstages von Ludwig Pietsch. Es war fast 2 Uhr nachts, als ich ihn fragte, ob er mit nach Hause ginge; aber er antwortete: »Ich glaube, es wird noch getanzt; das Schauspiel möchte ich mir nicht entgehen lassen!« So genußfroh war er noch wenige Wochen vor seinem Tode. (14)

Weitsicht

Ein paar Tage vor Menzels letzter Geburtstagsfeier sandte Professor H. sein Dienstmädchen zu der »kleinen Exzellenz«, um diese für Freitag zum Abendessen zu bitten. An der Wohnungstür Menzels waren zwei Zettel angebracht, von denen der eine die Worte enthielt: »Man bittet, nicht zu klingeln.« Das Dienstmädchen ließ sich von dieser Mahnung nicht abschrecken, schenkte dem zweiten Zettel vollends keine Aufmerksamkeit und läutete kräftig. Nach einer Weile erschien Menzel in der halbgeöffneten Tür, betrachtete kopfschüttelnd die kühn anstürmende Magd, über deren Aufgeregtheit er einige launige Bemerkungen machte, und fragte dann nach dem Begehren. »Exzellenz möchten Freitagabend zu Professor H kommen«, brachte das eingeschüchterte Mädchen etwas mühsam hervor. Statt jeder Antwort wies Menzel stumm auf den zweiten Türanschlag, den das Mädchen ignoriert hatte, und verschwand hinter der geschlossenen Tür. Die Magd las nun staunend den Orakelspruch: »Freitag bin ich krank. Menzel« – den sie getreulich daheim hinterbrachte.

Der Kommentar zu der rätselhaften Kundgebung aber war folgender: Menzel wußte, daß er am Donnerstag, an seinem Geburtstag, in den Tafelgenüssen, namentlich im Pokulieren, ein übriges tun würde. Vorsichtigerweise meldete er sich darum – bei allen Besuchern und Einladern – für den Freitag krank. Man sieht: Selbstironie und kräftiger Humor geleiteten den Meister bis an die Schwelle des neunzigsten Lebensjahres. (10)

Der »verzeichnete« Arm

Er war vor kurzem bei einer Reise nach Tirol an den Starnberger See gelangt und wollte sich eben einschiffen, als er das Unglück hatte, in den See zu fallen. Er wurde aber sogleich herausgezogen, indessen hatte er sich den Arm verletzt. Ein Arzt war gerade zur Hand, man zog ihm den Rock aus. Als Menzel nun seinen entblößten Arm sah, rief er aus: »Mein Gott, wie verzeichnet!« Der Arm war nämlich ausgerenkt und hatte eine falsche Stellung. Der Arzt richtete ihn schnell wieder ein, die richtige Zeichnung war wieder hergestellt, und die Sache wird für Menzel keine weiteren Folgen haben, als daß seine geniale Äußerung einen hübschen Beitrag zu seiner Charakteristik liefern wird. (7)

Nichtachtung

Eines Sommerabends war Menzel mit seinem Koffer wie alljährlich im Hotel Frederich an der Potsdamer Straße erschienen, wo er ein oder zwei Tage vor seiner Abreise von Berlin abzusteigen pflegte, um zu Hause den lästigen Reisevorbereitungen zu entgehen. Bevor er zur Ruhe ging, nahm er unten im Restaurant noch seinen Abendimbiß ein und schritt dann in das von ihm seit Jahren bewohnte Zimmer. Nach einer Weile ertönte durch das ganze Haus das stürmische Läuten der Hotelglocke. Das Zimmermädchen stürzte sofort herbei. Da steht Menzel in der ganzen Würde seines Nachtgewandes in der Tür seines Zimmers und ruft mit zornig erhobener Stimme: »Das andere Kissen auch!«

Ratlos steht die Bedienerin, die noch nicht lange ihre Stellung inne hat und die Eigenart des Gastes nicht kennt. Doch Menzel geriet durch dies Zögern nur in erhöhte Wallung. Die Hotelglocke beginnt aufs neue den Alarm; Hausknecht und Kellner stürzen hinzu und werden bei ihrer Ankunft mit den gleichen, immer schriller und erbitterter klingenden Worten empfangen: »Das andere Kissen auch! Das andere Kissen auch!«

Endlich naht sich beflügelten Schritts der Geschäftsführer; er erinnert sich, daß der berühmte Stammgast sein gewichtiges Haupt immer auf einer doppelten Lage von Polstern auszuruhen pflegte. Schnell wird das fehlende herbeigeschafft, und kopfschüttelnd nimmt es der Meister in Empfang, nicht ohne durch einige brummende Töne über die ihm zuteil gewordene Nichtachtung sein Befremden auszudrücken. (10)

Reisehaken

Unter seinen Reiseeffekten befand sich ein starker Haken mit einer Schraube. Der Portier des »Hotel Leinfelder« in München, wo Menzel regelmäßig abstieg, erzählte mir, daß Exzellenz zum Wirt gesagt habe: »Mein Herr, ich gehöre zwar nicht zu den allerkleinsten, aber ich bin doch nicht groß genug, um meine Kleider abends hoch oben an Ihren Haken zu hängen, und da gestatten Sie wohl, daß ich diesen Haken hier in meiner Höhe befestige.« (21)

Der unbequeme Stiefelzieher

Gewöhnlich befand sich für Menzel, wenn er nach München kam, in seinem Zimmer im »Hotel Leinfelder« auch ein besonders neuer und sehr bequemer Stiefelzieher. Nun war die Aufstellung dieses Gerätes doch einmal übersehen worden; an seiner Stelle war einer der einfachen allgemein üblichen belassen worden. Als nun der Maler bald nach seiner Ankunft dies bemerkte, begab er sich flugs nach unten. Schon auf der Treppe begegnete ihm der Besitzer des Hauses. »Was haben Sie mir denn da für einen Stiefelzieher hinstellen lassen?« schimpfte die kleine Exzellenz. »Das ist ja ein uraltes Exemplar, das kann man nicht brauchen. Aber natürlich, natürlich, die – Nachttöpfe haben bei Ihnen einen goldenen Rand.« (10)

Der Getretene

Ich war, so schreibt uns ein Münchner Varieté-Künstler, in Kissingen bereits den fünften Monat engagiert und infolgedessen auch Menzel nicht unbekannt. Eines Tages, als nach der Kurpromenade alles nach der Buchhandlung lief, um die Zeitungen zu holen, trat ich im Gedränge Professor von Menzel aus Versehen auf die Füße. »Ja zum Donnerwetter«, rief mich Menzel an, »Sie sind doch nun lange genug hier, daß Sie wissen könnten, daß es hier so schöne Spazierwege gibt, müssen Sie denn ausgerechnet auf meinen Füßen spazieren laufen?« (31)

Richtigstellung

Seit vielen Jahren ging der Meister regelmäßig im Sommer nach Kissingen. Nicht die besondere Schönheit der Gegend, noch die Heilkraft seiner Quellen reizte ihn dazu. Er begleitete zuerst ganz einfach seine leidende Schwester mit den Kindern als guter Bruder und Onkel in diesen Badeort, und später ist ihm dieser Sommeraufenthalt eine liebe Gewohnheit geworden. Er ist so oft dorthin gegangen, daß ihm eines Tages die Badedirektion eine Art Jubiläumsfeier veranstaltete, wobei vom Festredner besonders hervorgehoben wurde, die Heilkraft des Wassers trage dazu bei, daß der greise Stammgast stets so frisch und munter sei, worauf er zum allgemeinen Erstaunen erwiderte: »O bitte, ich habe niemals ein Glas getrunken, und ein Bad habe ich nur einmal der Kuriosität halber genommen.« (21)

Ablenkung

Die Seinen und wir hatten eines Tages eine weite Partie gemacht. Meine Frau war unseres kleinen Kindes wegen zu Hause geblieben, desgleichen Menzel, der die Strapazen vorschützte. Nach Tische kam ein Gewitter über die Berge, und Menzel klopfte plötzlich am Kinderzimmer. Meiner Frau Gewitterangst war ihm bekannt, und er erklärte kategorisch: »Liebe Frau, es paßt mir gerade, nehmen Sie das Kind auf den Schoß, ich will es zeichnen.« Und er begann eifrig, zerriß zweimal das Blatt und drehte meine Frau fern vom Fenster in den Schatten und zeichnete immer emsig weiter. Das Gewitter stand nun schon über Hofgastein, da ertönte plötzlich die Gartenglocke, und wir alle kehrten gewitterregendurchnäßt zurück. Sogleich schlug Menzel sein Skizzenbuch zu, erklärte die Zeichnung für verunglückt, aber – »nun waren ja alle da!« Die Zeichnung galt als vernichtet wie ihre beiden Vorläufer, hat sich aber im Nachlaß vorgefunden und durch die Güte der Erben den schönsten Platz unter den Augen meiner Frau gefunden, die ihre Rührung über diese Zartheit des so ernsten Arbeiters und Meisters niemals vergessen kann und wird. (13)

Herz für schöne Frauen?

Sehr prägnant äußerte sich Menzel, als ein Besucher angesichts dreier von dem Meister entzückend skizzierter betender Nonnen nach seinem Verhältnis zu den Frauen spürte: »Exzellenz haben doch auch wohl einmal ein Herz für schöne Frauen gehabt?« Aber der alte Herr wehrte energisch ab: »Nein, nein, Herz niemals, nur Auge!« (30)

Irrtum

Menzel war sich übrigens der Tatsache bewußt, daß er nicht der Maler der Frauenschönheit sei, und setzte dies auch als allbekannt voraus, wovon das folgende lustige Geschichtchen, das ich aus seinem eigenen Munde gehört habe, Zeugnis ablegt.

»Einmal läutet es bei mir«, so erzählte Menzel voll Behagen, vier-, fünfmal. Da der Draußenstehende anscheinend sehr hartnäckiger Natur ist, entschließe ich mich endlich, zu öffnen. Es waren zwei Damen. Mutter und Tochter. Letztere war, wie ich glaube, eine große Schönheit, doch habe ich sie nicht genau angesehen. Die Mutter trug mir den Wunsch vor, ich solle ihre Tochter malen. Sie scheinen im Irrtum, erwiderte ich. Sie sind hier bei Menzel. Nein, sie wolle ihre Tochter ja gerade von mir porträtiert haben. Nun, ich sagte der Dame, daß man schöne Mädchen doch nicht von Menzel malen lasse, und gab ihr die Adresse eines Kollegen. (1)

Lob der Altersschönheit

Unauslöschlich wird mir der Eindruck sein, den ich in einer glanzvollen Gesellschaft bei Gustav Richter empfing, die sich durch einen seltenen Kranz erlesener jugendlicher Schönheiten ersten Ranges auszeichnete (Amerikanerinnen, Engländerinnen) und uns zu der Frage ermutigte, ob er nicht Vergnügen an diesen »junonischen« Erscheinungen empfände. Er sagte kühl: »O ja!« und ergriff eine zufällig vor ihm liegende Fotografie des zweiten Richterschen Kindes – im Profil – behufs folgender Reduktion: »Ja, es ist merkwürdig, wie für den Maler die Schönheit des Menschen erst in einem gewissen Alter beginnt. Sehen Sie z. B. an diesem hübschen Kindergesicht den übergroßen Raum zwischen Nase und Ohr, eigentlich: eine wahre Einöde! Ja, im Alter, da passieren darin tausend interessante Dinge, die merkwürdigsten Kombinationen von Falten usw., wobei einem das Herz im Leibe lacht, z. B. bei der Mama X.«, und nun nannte er den Namen einer würdigen alten, uns allen wohlbekannten Frau, die aber von der Mehrzahl ihrer Nebenmenschen für das Gegenteil aller Schönheit gehalten wurde. (13)

»Die Venusse überhaupt!«

Bei aller Einfachheit hielt er etwas auf »Stand« und mochte der Welt nie gern Stoff zu Gerede oder gar zu Nachsicht geben. Möglich, daß er diese Rücksicht walten ließ und sich damit begnügte, an die vierzig Jahre ein weibliches Modell zu empfangen, das er mir einmal als »einzige Liebe« bezeichnete. Es war eine saubere, einfache Frau mit noch schwarzem, glattgescheiteltem Haar, auf dem ein dürftiges Häubchen saß. Um die runden Schultern schlang sich ein türkischer Schal, und kleine, altmodische Granatsterne waren als Schmuck sichtbar. Sie mochte gute zwei Köpfe höher gewesen sein als die kleine Exzellenz. Auf meine Neckerei, in ihr die Venus seiner jungen Jahre kennengelernt zu haben, ging er fröhlich ein und meinte sarkastisch: »Auf der einen Seite war ich zu groß, auf der andern sie. Es gab kein Ranreichen! Die Venusse überhaupt! Die von Cranach war nach der Beschreibung seiner Frau entstanden, natürlich hat sie ihn damit angelogen.« (4)

Über den Ehestand

Junge Leute warnt er vor den Weibern, so fragt er einen Besucher mißtrauisch: »Junger Mann, sind Sie schon verheiratet?« – »Nein, Herr Professor!« - «Nun, dann ist's gut, denn wenn man verheiratet ist, steht man immer hinten und die Frau immer vorn; wenn man nicht verheiratet ist, steht man immer vorn – und ganz allein!« (16)

Bestialischer Vergleich

Als er einmal auf einen besonders schönen Kopf eines jungen Mädchens aufmerksam gemacht wurde, verhielt er sich in seinem Urteil etwas ablehnend und meinte, sie habe doch vom Nasenflügel bis zum Ohr eine entsetzliche Einöde, in der auch gar nichts passiere. Als ich ein andres Mal mit ihm von schönen Frauen redete, meinte er, er habe wohl deshalb niemals Porträts von schönen Frauen gemacht, weil dieselben, wenn sie das Atelier beträten, immer beanspruchten, vom Künstler wie Wesen aus einer andern Welt mit ganz andern Augen angesehen zu werden. Er schloß die Unterhaltung, um zu zeigen, wie objektiv der Maler sehen müsse, mit der Frage: »Na, siehst du dir denn ein weibliches Krokodil mit andern Augen an als ein männliches?« (21)

Gespräch mit seiner Schwester

Einen Tag vor seinem Tode (er starb an den Folgen einer an sich ungefährlichen Erkältung) fragte ihn seine Schwester: »Was denkst du eigentlich von den russischen Verwicklungen?« – »Wenn ich mit alten Weibern über Politik schwätzen wollte, hätte ich gleich heiraten können«, knurrte er. (19)

Der liebste Lorbeer

Als eines Tages die Frau eines Kasseler Bürgers Menzel besucht und das Bild [»Einzug Heinrich des Kindes in Marburg im Jahre 1248«] sieht, überbietet sie sich in Lobsprüchen über das gelungene Werk und meint, der Meister würde durch diesen »Karton« noch berühmt und mit dem Lorbeer gekrönt werden. Menzel sieht sie ärgerlich an: »Ach Lorbeer, Madame! Der liebste Lorbeer ist mir der, den ich in der Suppe finde!« (16)

Menzels 70. Geburtstag

Gegen Mittag erfolgt die feierliche Übergabe des Diploms der Doktorwürde, ausgestellt von der Universität Berlin.

Alle Zimmer sind mit Blumen und Lorbeerkränzen angefüllt, so daß kaum mehr Platz für den Durchgang ist. Als der Jubilar an den Kaffeetisch gehen will, schiebt er mit dem Fuß ein Lorbeerarrangement zurück: »Bei uns sieht es heute schon wirklich aus wie in meinem Sterbezimmer!« (16)

Fontanes »Auf der Treppe von Sanssouci«

Als Menzel (...) zu seinem siebzigsten Geburtstag dieses Gedicht von Fontane zugeschickt bekommt, findet der Jubilar eine Stelle darin, wonach ihm der Dichter noch zehn Jahre Leben bis zum Wiedersehn mit dem Alten Fritz im Elysium zubilligt. Diese kurze Bemessung ärgert Menzel sehr und führt sogar dazu, daß er Fontanes Huldigung zur Seite schiebt und unbeantwortet läßt. (16)

Der richtige Eindruck

Die Vorbereitungen für die Feier zu Menzels 80. Geburtstag beginnen bereits im Sommer 1895. So will die Akademie ein Porträt von Menzel malen lassen und fragt bei ihm an, ob er damit einverstanden sei. Darauf gibt er dem Präsidenten und den »Insonderheit hochgeehrten Herren Kollegen« folgende Antwort: »Zu aller Überhäufung mit Ehrungen und Aufmerksamkeiten tritt also auch noch Ihr Beschluß, mein Exterieur in seinem Farbenzauber für künftige Geschlechter aufbewahrt wissen zu wollen: Hier aber gelange ich an den Punkt, wo ich doch auch selbst etwas dafür mittun, mir selbst ein Verdienst um solch löblich Bemühen erwerben kann. Es handelt sich um den Eindruck, den es gilt, einer späteren Welt von einer Species unseres Jahrhunderts zu vermitteln. Daher keine hohlen düsterverschatteten Wangen, keinen umflorten Senatorenblick!« (16)

Praktische Überlegungen

Wenn Seine Majestät ihn zur Tafel geladen hatte, schickte er ihm in den letzten Jahren einen seiner Geheimen Räte mit einem Wagen, der den Meister zur rechten Zeit abholte. Der Herr Geheime Rat trieb einmal den berühmten Gast zu großer Eile, brachte ihn glücklich in den Wagen und bemerkte unterwegs, daß Menzel den Schwarzen Adlerorden nicht angelegt hatte. Der Geheime Rat war sehr erschrocken. Umkehren war unmöglich, und Menzel tröstete ihn mit den Worten: »Es schadet nichts; ich bekleckere mir das Band doch immer beim Essen.«

Ein andermal beim Hofball sah ich ihn in seiner Hoftracht herumspazieren ohne den roten Senatorenmantel. Als ich ihn fragte, warum er denselben nicht angelegt, meinte er: »Ich habe ihn zu Hause gelassen, weil er beim Gedränge am Büfett immer so begossen wird.« (21)

Bürgerstolz

Als Menzel den hohen Orden vom Schwarzen Adler erhalten, mußte der neue Ritter natürlich im vollen Ornat fotografiert werden. Auf dem Bilde stand Seine Exzellenz neben einem großen Stuhl, und auf diesem sein Zylinderhut. Als er gefragt wurde, warum gerade dieser Hut dort stünde, ob er ihn mit besonderer Absicht aufgestellt habe, sagte Menzel sehr ernst: »Gewiß habe ich dies angeordnet, denn den hohen Orden bekommen nur gekrönte Häupter, Fürsten oder hohe Militärs. Mit dem schwarzen Zylinderhut wollte ich andeuten, daß ich ein einfacher Bürger bin.« (21)

Peinlicher Scherz des Kronprinzen Friedrich (III.)

Dieser ritterliche Prinz liebte den Scherz, der ihn manchesmal in vorgerückter Stunde übermütig werden läßt. In einer solchen Stimmung tritt er eines nachts nach einem Souper in einen kleinen Salon des väterlichen Palais, wohin sich einige Herren, darunter Menzel, zu einem Glas Bier zurückgezogen haben. Treitschke ist gerade dabei, einen schweren silbernen Kerzenleuchter vom Tisch zu heben und mit ausgestrecktem Arm von sich zu halten. »Das kann ich auch«, sagte der Kronprinz, packte den Stuhl samt Menzel und hebt ihn hoch. Dieser bekommt einen feuerroten Kopf, springt, sobald er wieder den Boden unter den Füßen hat, wütend auf: »Das verbitte ich mir, Kaiserliche Hochheit!« (16)

Charakter

Menzel hatte mir, der ich von der französischen Regierung zum Juror in der Aufnahmekommission für die Pariser Weltausstellung von 1889 ernannt war, sechzehn oder achtzehn seiner Werke anvertraut, als plötzlich kurz vor der Eröffnung der Ausstellung ein Erlaß Bismarcks erschien, der allen Künstlern, die preußische Beamte waren, die Beteiligung an ihr untersagte. Und alle die damaligen Berühmtheiten, von Achenbach, von Reinhold Begas bis zu kleineren Sternen hinab, beeilten sich, ihre Werke zurückzuziehen. Bis auf Menzel, bei dem ein Ministerialdirektor erschien, um ihm auseinanderzusetzen, daß es sich für ihn als den Kanzler des Ordens Pour le mérite nicht zieme, in Paris sich an der Ausstellung zur Jahrhundertfeier der Französischen Revolution zu beteiligen. Darauf Menzel: »Ich bin jetzt dreiundsiebzig Jahre alt, ich habe immer gewußt, was sich für mich schickt, und ich werde es weiter wissen.« Sprach's und stellte ruhig aus. (17)

Im Senat der Akademie

Adolph Menzel wurde 1875 bei der Reorganisation der Akademie auch in den Senat derselben berufen, aber das war nichts für ihn. Entweder er kam in die Sitzung, wenn sie eben geschlossen werden sollte, oder er schlief, oder er sprach in der Diskussion langsam und bedächtig über Dinge, die gar nicht zur Diskussion standen. Einmal rief er bei einer Beratung in dem Ausschuß für Auszeichnungen: »Lassen Sie mich mit Ihren Vorschlägen! Ich verstehe nichts davon und höre auch nichts, denn es beschäftigt mich das Studium des Tintenfasses da vor mir weit mehr, als alles, was Sie sagen! Ich gehöre gar nicht hierher!« (29)

Abschiedsrede in der Akademie

Wegen seines hohen Alters bittet Menzel schließlich, aus der Akademie ausscheiden und sein Amt in der Akademie niederlegen zu dürfen. Diesem Ersuchen wird sofort stattgegeben unter Ernennung Menzels zum Ehrensenator. Beim Verkünden dieser Ehrung erheben sich alle Mitglieder von den Sitzen. Es ist gut, daß sie bei der Dankrede Menzels wieder Platz genommen haben, denn sie ist erschreckend kurz und unfreundlich: »Ich habe hier in der Akademie nie zu etwas genutzt und in den seltensten Fällen überhaupt den Verhandlungen folgen können. – Leben sie wohl!« (16)

Überraschung in Sanssouci

Kaiser Wilhelm II. war unermüdlich, Menzel Beweise seiner Verehrung entgegenzubringen. Oft erzählte Menzel, daß es ihm bei der Entstehung des »Flötenkonzerts« leider nicht möglich gewesen war, die Erlaubnis zu erhalten, das Zimmer, in dem die Szene spielt, bei Abend mit brennendem Kronleuchter zu studieren, um dessentwillen er das Bild eigentlich gemalt hat, wie er behauptete.

Der junge Kaiser nahm Notiz davon und lud

den Künstler eines Abends nach Potsdam ein. Als er am Schloß Sanssouci abstieg und die Treppe hinaufgehen wollte, empfing ihn ein Offizier aus der friderizianischen Zeit. Menzel, der geistesgegenwärtig genug war, um zu sehen, daß dies der Kaiser selbst war, bemerkte, auf die Uniform deutend: »Ich habe wohl die Ehre mit dem Hauptmann N. N. aus dem und dem Regiment.«

Der Kaiser führte den Gast in den Musiksaal auf einen für ihn bestimmten Platz, und nun sah der Meister mit staunenden Augen sein »Flötenkonzert« leibhaftig mit Beleuchtung in die Erscheinung treten. Meister Joachim saß am Violinpult und die Kaiserin im Zopfkostüm unter den Zuschauern. (10)

Durchschaut

Menzel amüsierte sich sehr über die »Mode«, die seinen Werken begeisterte Verehrer schuf, die innerlich aber den »Kuckuck nach ihm fragten«. Ein Kunstfreund, der eigentlich nur ein Kunsthändler ohne Konzession war, erregte sein besonderes Wohlgefallen. Wenn der Mann kaufte, dann führte er stets ein Arsenal von Gefühlen ins Gefecht, um die Gemälde billiger zu kaufen. »Mein Herzblut gebe ich hin für diese Perlen der Kunst«, war sein oft wiederholter Ausspruch. Jedoch von Zeit zu Zeit arrangierte der begeisterte Kunstfreund eine Auktion und – verkaufte die erworbenen Menzelwerke mit hundert und mehr Prozent. »Der könnte oft den Stuhl mit der weißen Schürze heraushängen«, meinte Menzel, als

er wieder von einem solchen Verkauf hörte, »der Mann gibt ja immer sein Herzblut her.«
(Der Stuhl mit der weißen Schürze vor der Ladentür der Berliner Metzger bedeutet, daß es frische Wurst gibt.) (10)

Honorarforderung

Sigismundstraße 3, wo Menzel die letzten 30 Jahre seines Lebens wohnte und starb, gehörte dem bekannten Industriellen und Kunstfreund Geheimrat Arnhold: Menzel nannte ihn nie anders als »Herr Wirt«. Zu irgendeinem Jubiläum bestellte Frau Arnhold als Geschenk für ihren Mann bei Menzel ein kleines Gouachebild, das natürlich zum bestimmten Tage nicht fertig wurde. Als es schließlich vollendet war, fragte Arnhold selbst nach dem Honorar. Menzel nannte eine auffallend bescheidene Zahl. Und auf den überraschten Blick des Empfängers sagte er prompt: »Taler! Ich rechne immer nach Talern, Herr Wirt!« (19)

»Nie!«

Menzel war verschlossen und kurz angebunden. Ich hatte selbst einmal die Ehre, von ihm hier empfangen zu werden. Es war eine Skizze in meinen Besitz gekommen, welche die Signatur »Menzel« trug, und ich wollte gerne wissen, ob es wirklich ein echter Menzel wäre. Bereitwilligst erteilte mir der Meister die Erlaubnis, daß ich ihn besuchte. Hinter einem Tische stehend empfing er mich, der zu mir,

einem Longinus, einen komischen Kontrast bildete. Die Unterredung war schnell beendet. Er war gar nicht erfreut, daß ich ihm dieses Werk zutraute. Auf die Antwort: »Ich dachte, es könnte vielleicht eine Jugendarbeit Eurer Exzellenz sein«, erwiderte er selbstbewußt: »So etwas hat man doch *nie* gemacht!«
(26)

»Nur Schönes!«

Sehr hübsch ist eine kleine Episode, die der kürzlich verstorbene Hans von Hopfen von dem Altmeister zu erzählen wußte:

Es war am letzten Sonnabend vor Ostern, abends nach acht Uhr, und die Laternen waren schon angezündet, als ich »die kleine Exzellenz« ins Postamt 9 vor dem Potsdamer Bahnhof eintreten sah. Ich folgte ihr in den um diese Stunde kurz vor Postschluß Kopf an Kopf gedrängten Raum und sah sie sich ordnungsgemäß den vielen Wartenden vor dem Schalter anreihen. Das Erscheinen Menzels mußte von den Beamten bemerkt worden sein, denn alsbald trat einer aus den Gittern heraus und näherte sich ehrerbietig dem berühmten Greise, offenbar mit dem Ansuchen, ihn außer der Reihe sofort vor den expedierenden Postsekretär bringen zu dürfen. Aber da kam er übel an. Ich stand absichtlich so fern, daß ich die Worte nicht hören konnte, aber die Bewegungen Menzels waren bei aller Artigkeit entschieden und verständlich genug. Er lehnte jedwede Vergünstigung ab und harrte seine 20 bis 25 Minuten aus, bis ihm nach Erledigung sämtlicher vor ihm angetretener Mitbürger sein großes Kuvert abgenommen und eingeschrieben wurde. Nachher erst machte ich mich ihm, nahe der Ausgangstür, bemerklich und ward herzlich begrüßt. Alsbald entspann sich hier der bekannte Wettstreit von Höflichkeiten, indem die liebenswürdige Exzellenz von einem Altersvorrecht nichts wissen und durchaus nicht als der erste durch die Tür gehen wollte. Nachdem sie endlich in Rücksicht auf die vielen nachfolgenden und begegnenden Mitmenschen in den verständlichen Vorzug eingewilligt hatte, wurde das Gespräch auf der Straße fröhlich fortgesetzt. Ich fragte den Maler »was er jetzt Schönes schaffe«. Da reckte er, wie's seine Lieblingsbewegung ist, Kopf und Kinn jäh in die Höhe und wiederholte freudig verklärten Gesichts, als spräche er einen Wahlspruch oder eine Eidesformel nach: »Schönes! Nur Schönes!« (33)

Immer ungelegen!

Als ich einmal zu ihm kam und er sehr beschäftigt schien, wollte ich mich zurückziehen und bat zu gelegener Zeit wiederkommen zu dürfen. »Nein!« sagte er. »Bleiben Sie nur, da Sie hier sind. Sie kommen ja ein andermal ebenso ungelegen.« (15)

Widmung

Nahe dem Fenster stand ein niedriges, hölzernes Stehpult, daneben ein Hocker, bedeckt mit Aquarellfarben und Bleistiften; eine Tuschzeichnung war angefangen. »Ich mache dies alles mit der linken Hand«, dann ergriff er einen langen flachen Zimmermannsbleistift und schrieb in mein Gedenkbuch mit großen, klaren Buchstaben: »Name ist Schall und Rauch, aber nichts desto muß man einen haben. Ad. v. Menzel, Berlin, 20. Dezember 1904.« (18)

Keine Menagerie

Menzels Werkstatt zu besichtigen, ist zu allen Zeiten für Neugierige sehr schwierig gewesen, und diese Schwierigkeit hatte sich in letzter Zeit bis zur Unmöglichkeit gesteigert. Manche Besucher wurden mit den Worten empfangen: »Hier ist nichts zu sehen; ich bin keine Menagerie.« Auch Minister und Prinzen und Prinzessinnen fanden keine Gnade. So traf ich einst den Erbprinzen von Meiningen und seine Gemahlin vor dem Hause, welche mir lachend erzählten, sie wären, nachdem sie die vier Treppen erklommen, von Menzel nicht angenommen worden, mit der Ausrede, daß er ein nacktes Modell habe. Er hätte zwar gemeint, der Prinzgemahl könnte ja hereinkommen; habe sich aber nicht geäußert, ob das Modell ein männliches oder weibliches gewesen sei. (21)

Listige Damen

Einmal überraschte mich bei meinem Besuche der Anblick eines wundervollen Blumenstraußes. Auf meine Frage, ob irgendein Festtag sei, erzählte er mir folgendes: »Denke dir, da kommen vorhin zwei sehr fein angezogene Modelle und fragen, ob ich sie brauchen könne. Da sie mir etwas merkwürdig vorkamen, setzte ich ihnen auseinander, was es heiße, Modell zu sitzen. Sie versprachen, still zu halten, und da ich gerade hier auf dem Aquarelle des Kissinger Kaffeegartens ein paar Damen brauchte, stellte ich sie mir zurecht, zeichnete eine Stunde an ihnen, gab ihnen zwei Mark und schickte sie fort. Und nun kommt eben ein Dienstmann mit diesem Bukett und dieser Karte.« Er und ich lasen: »An Seine Exzellenz Professor A. v. Menzel mit dem herzlichsten Dank für den gehabten Genuß und für das einzige Geld, was wir in unserem Leben verdient haben.« Das Abenteuer der Damen, die auf diese listige Weise den Eintritt in sein Atelier erzwungen hatten, hatte den alten Herrn sehr ergötzt. (21)

Unliebenswürdig

Einblick in Menzels Benehmen gibt die Antwort, die er einer jungen Dame erteilte, welche zu ihm gekommen war, um ihm ihre Zeichnungen vorzulegen: »Dazu bin ich nicht da, dafür ist Herr von Werner da.« Und gab ihr die Rolle zurück, die ihre Zeichnungen enthielt.

»Was kann nicht alles in so einer Rolle sein«, sagte er zu einem Bekannten,. um zu motivieren, warum er sie nicht geöffnet habe. »Seien Sie nicht liebenswürdig«, fuhr er zu demselben Bekannten gewendet fort. »Namentlich diese Damen von den Komitees. Hüten Sie sich vor den Damen von den Komitees! Sie kommen nur zu uns, wenn sie was wollen. Man muß sich nicht ausnutzen lassen. Man muß unliebenswürdig im Leben sein«, sagte die alte prächtige Kratzbürste. (27)

Der lästige Amerikaner

Einem amerikanischen Reporter gelingt es, bis zum Allerheiligsten vorzudringen. Menzel kümmert sich gar nicht um ihn und malt ruhig an der Staffelei weiter. Der Amerikaner tut das Gleiche und geht ungeniert auf und ab, tippt neugierig herum: »Sie haben doch den Pesne gemalt, wie er an einem Deckengemälde arbeitet und ihm dabei einen Geiger zur Seite gestellt. Sie wußten also, daß Pesne immer Musik haben mußte, um arbeiten zu können.«
Pause. Menzel, wütend allein schon wegen der Anrede mit »Sie«, malt ohne aufzusehen weiter.
Auch der Reporter läßt sich in seinen Gedankengängen nicht stören: »Wie Pesne die Musik liebte, so unser großer Stevenson sein Cape aus Sealskin, ohne das er keinen Roman geschrieben hat. Dumas ging nackend wie Bacchus bekleidet in seinem Landhaus herum, um den Stoff seiner Romane zu formen, Paul Bourget in grünen Hosen, und Gautier wählte zum Arbeiten eine karmesinrote Toga mit Gold gestickt; Leslie Stephen – Sie kennen ihn doch –, konnte keine Gedanken fassen, wenn er nicht seine alte Flanellhose anhatte, mit dem feuerroten Flicken aus dem Unterrock einer Walliser Bäuerin. Denken Sie auch an Balzac, der zum Schreiben stets eine Mönchskutte

der Dominikaner anlegte, – oder an Samuel Richardson, der ohne seinen Diamantring gedankenlos war, oder gar an Rousseau, der keine Weisheit von sich geben konnte, ohne nicht in seinen Richtertalar zu schlüpfen. Daß Thomas Moore nur mit ziegenledernen Handschuhen zu schreiben pflegte, ist ja ebenso sattsam bekannt wie die Vorliebe von Eugene Sue für die zitronengelbe Farbe. Und Ibsen? – Sie erinnern mich übrigens etwas an ihn« – Der Reporter ist dicht vor Menzel stehen geblieben: »Und Sie, was benötigen Sie, um malen zu können?« Menzel geht vor Wut bebend an die Tür, öffnet sie weit und schreit mit feuerrotem Kopf den leeren Gang hinunter – die wenigen Worte, die er auf englisch kann: »Two very big dogs!« Im Nu ist der Reporter verschwunden. (16)

Keine Reklamebilder!

Eine Anekdote, die man mir erzählte von Hunderten (...) Sie betrifft die »kleine Wegner«, die große Ernestine vom Wallnertheater, eine Soubrette, wie wir sie alle Jahrhunderte kaum einmal haben. Diese hatte sich in Menzel gleichsam verliebt. Ich glaube, sie hielt sich für eine Geistesverwandte des grausamen Historikers und Analytikers. Sie wollte durchaus von ihm gemalt werden. Sie scheute die vier Hinterhaustreppen nicht, die zu ihm emporführen. Schon diese allein hätten das tapfere Mädchen abschrecken sollen, denn all ihre sonstigen malenden Freunde lebten in Villen in der nahen Hildebrandtschen Privatstraße und sind bequem zu erreichen.

Aber Ernestine drang vor und hinauf und klingelte beherzt. Überall sonst öffnet ein betreßter Diener. Hier nicht. Hier kommt der Herr Professor und Kanzler der Friedensklasse des idealsten aller Orden, des Pour le mérite, kurz, die Exzellenz selbst, nachdem er einige verfängliche Stufen hinabgeklettert und einen dunklen Korridor entlang gegangen. Das heißt, wenn er gerade guter Laune ist – andernfalls kann klingeln wer will und so lange wie er will.

»Wer sind Sie?«

»Ernestine Wegner, Herr Professor.«

»Was wollen Sie?«

»Ich will mich von Ihnen malen lassen.«

»Wie kommen Sie, wie komme ich dazu?«

»Ich bin Schauspielerin, Herr Professor.«

»Freut mich.«

»Die kleine Wegner, Herr Professor.

»Kenne ich nicht.«

»Vom Wallnertheater.«

»Da war ich nie. Male keine Plakate, keine Reklamebilder. Sie stören mich nur bei der Arbeit.«

Schnapp! Der kleinen Wegner fiel die Tür vor der Nase zu. (3)

Sonderbarer Vergleich

Sehr denkwürdig erscheint mir sein Schlußwort einer Unterredung mit Frau Duse, die er in unserem Hause hatte. Frau Duse, die rückhaltlose Menzel-Verehrerin war, hatte den Wunsch ausgesprochen, ihn persönlich kennenzulernen, und nach erlangter Einwilligung veranstalteten wir diese Entrevue bei uns, die aber, da Menzel weder Italienisch noch Französisch und Frau Duse nicht Deutsch konnte, sehr reichliche Ansprüche an das mir auferlegte Dolmetscheramt stellte. Am Schluß sagte Menzel zu mir: »Sagen Sie der Frau, alles in allem hätte sie unklug gehandelt! Wenn auch einem ein paar Blümchen, die einem da in den Weg kommen, gefallen, so soll man doch nicht das Mistbeet kennenlernen wollen, auf dem dieselben gewachsen!« (12)

Wo bleibt die Skizze?

Nach (...) (einer Anekdote) sah Menzel früher einmal, obgleich er sonst keine Schüler hatte, dem Sohn einer befreundeten Familie hier und da die Arbeiten durch. Eines Tages stürzt der Jüngling ganz verstört in die Werkstatt des Altmeisters: »Entsetzlich, Herr Professor – am Kanal sah ich eben, wie eine arme alte Frau von einem Lastwagen totgefahren wurde!« – »Nun«, fragte Menzel mit strengem Blick, »haben Sie eine Skizze davon gemacht?« – »Das kann man doch nicht!« stotterte der junge Mann ganz verblüfft. »Wenn Sie das nicht können«, lautete der überzeugungssichere Bescheid Menzels, »werden Sie nie Maler werden!« (20)

Verpaßte Studienmöglichkeit

Die Begeisterung für Menzels ganzes Schaffen und seine imposante künstlerische Persönlichkeit hatte sich der talentvollsten und tüchtigsten unter den jungen Malern Berlins in immer wachsendem Maße bemächtigt. O. Wisniewski, Ludwig Burger, Arnold, Riefstahl, Franz Meyerheim, Amberg, Gustav Richter – wenn der beiden letzteren Naturell auch im äußersten Gegensatz zu dem des bewunderten Meisters stand, strebten mit heiligem Eifer seinem Beispiel nach, der ihnen gleichsam die künstlerische Lebensregel »vorschrieb«. Mehrere von ihnen hatten einen winterlichen Aktverein gegründet und Menzel gebeten, gleichsam das Protektorat darüber auszuüben, gelegentlich bei ihren gemeinsamen Zeichenübungen nach dem nackten Modell zu erscheinen und ihre Arbeiten zu kontrollieren. Er hatte den Ernst ihrer Bestrebungen erkannt und genügendes Interesse an ihnen gewonnen, um ihnen diese Bitte nicht abzuschlagen. Eines Abends wird das weibliche Modell, nach dem sie zeichneten, von epileptischen Krämpfen befallen. Es verdrehte die Augen, den Kopf, die Glieder, stürzte vom Modelltritt und wand sich auf dem Boden. Die jungen Künstler mußten darauf verzichten, an diesem Abend weiterzuarbeiten. Das Modell wurde, nachdem es sich von dem Anfall einigermaßen erholt hatte, heimgeschickt. Die Zeichner nahmen ihr Handwerkszeug und schickten sich eben an, das Lokal zu verlassen, als Menzel spät wie gewöhnlich erschien. »Was soll das heißen? Ihr zeichnet nicht? Ihr habt schon aufgehört? Wollt schon gehen?« Das waren die ersten Worte des einigermaßen erstaunten Meisters. Die so Interpellierten erzählten ihm, was heute hier geschehen war und dies vorzeitige Abbrechen der Sitzung veranlaßt hatte. »So, so. Nun, wo habt ihr das? Zeigt mal, was ihr da gezeichnet habt.« – »Aber Meister«, antworteten sie ihm, »wir sagten ja, sie bekam Krämpfe.« – »Wie, so was Seltenes habt ihr zu sehen bekommen, und ihr habt die Gelegenheit nicht benutzt und es nicht gezeichnet? Schämen sollt ihr euch!« (23)

Modellstudien

Daß er die Modelle überaus anstrengte, oft bis zur Ermattung, ist richtig, doch war er hierfür auch sehr erkenntlich. So hatte er einmal einen Soldaten auf einem Pferdemodell sitzen, plötzlich wurde der Mann ohnmächtig und sank vom Pferd herunter. Aber ehe er noch nach einem Glas lief, machte er schnell noch einige Striche von der Stellung des Soldaten. Solche und ähnliche Vorgänge sind dann wohl die Veranlassung zu allerlei übertriebenen Historien geworden. Weil Menzel nie eine Gelegenheit vorübergehen ließ, um interessante Studien und Eindrücke zu sammeln, so kam es einmal vor, daß er, als er ein Fußbad nehmen wollte, eine lebensgroße Studie nach seinem Fuß malte und darüber den eigentlichen Zweck ganz vergaß. (2)

Zeichnerischer Auftakt

Der bekannte Zeichner Allers, der viel mit Menzel verkehrte, hatte einmal den Meister zu ungewöhnlich früher Stunde besucht. Menzel, der ein Langschläfer und Spätaufsteher war, lag noch im Bett, hatte aber einen Fuß unter der Bettdecke vorgestreckt und zeichnete mit großem Eifer seine eigene Zehe. (10)

Arglos

Mittags versammelten sich vor Menzels Ateliertür die Modelle, darunter manchmal bedenklichste Gestalten, mit denen er, wenn er sie brauchen konnte, arglos sich einschloß. Alle Warnungen wies er seelenruhig ab: »Die tun nichts. Die Gauner sind ja viel zu eitel, von mir einen Taler zu verdienen, als mir wegen hundert Mark die Hosen auszuräumen.« (19)

Selbststudium

In einem Sommer war Menzel der Gast eines intimen Freundes, der in Hofgastein eine Villa besaß. Der Meister machte täglich Ausflüge, von denen er natürlich mit reicher Beute heimkehrte. Eines Tages zur Speisestunde ließ der Gast ungewöhnlich lange auf sich warten. Die ganze Familie schaute mit Ferngläsern aus allen Fenstern nach ihm aus, und allen knurrte der Magen. Da endlich erspähte man ihn auf der Landstraße. »Schnell die Suppe auftragen«, hieß es, »er kommt.« Diese stand schon einige Zeit auf dem Tische, aber wer nicht erschien, war Menzel. Als man nochmals lange gewartet, wurde die Familie besorgt und fürchtete, daß ihm ein Unglück zugestoßen. Man eilte auf die Landstraße und fand ihn wohlbehalten in einem Chausseegraben sitzend, damit beschäftigt, seinen verstaubten Stiefel mit der umgekrempelten Hose zu zeichnen. (21)

Maus und Vorbeimarsch

Als 1871 der Jubel Berlin durchtoste, saßen die Künstler mit ihren Familien in den Fenstern der alten ehrwürdigen Akademie. Einige dieser Fenster beleuchteten die Antikenklasse, die Menzel, um das Warten angenehm zu verkürzen, natürlich sogleich benutzte. Die Schüler hatten in dieser Klasse eine niedliche, kleine Maus durch Leckereien sehr zutraulich gemacht. Das Mäuschen hielt den zeichnenden Mann wohl für einen Schüler und näherte sich ihm. Menzel ließ nun von der Antike ab, studierte und zeichnete sofort das reizende Modell und belohnte es durch Stückchen von seinem Frühstück. Darüber hätte er beinahe das um den Kaiser jubelnde Deutschland versäumt. Erst im allerletzten Augenblick trennte er sich von der Maus, die, vom Hurraschreien erschreckt, sich zurückgezogen. (21)

Immer Künstler und Beobachter

Kein Gegenstand war ihm je zu gering, und er zeichnete, wo er ging und stand, mit geradezu krankhaftem Eifer. Ich stand neben ihm in feierlicher Stimmung beim Begräbnis eines guten Bekannten. Die Rede des Geistlichen sagte ihm nicht viel, wohl aber die über dem Frackschoß gekreuzten Hände eines Herrn, der im Gedränge vor uns stand. Menzel griff in die Tasche, und flugs wurden diese Hände in das kleine Buch notiert. (21)

Der Karabinerhaken

Fritz Werner erzählte jetzt eine übrigens unbedeutende Geschichte, die aber für Menzels Art, Steckbriefe der Natur aufzunehmen und sich weiter nichts dabei zu denken, überaus kennzeichnend ist. Menzel hatte Fritz Werner, einen der wenigen Schüler, die er gehabt hat, in einem Dorfe bei Fontainebleau besucht. Sie hatten zusammen getrunken, französische, in dem Dorfe hausende Maler, von Menzels berühmten Namen angezogen, hatten sich dazugesellt, und es war spät in der Nacht geworden, als Menzel und Werner ihr Lager aufsuchten. Dessenungeachtet war Menzel am andern Morgen in aller Frühe in den Kleidern. Er stand neben einem Ziehbrunnen, auf dessen Rand ein Eimer stand. »Eine lange Stange, an der eine Art Karabinerhaken befestigt war, hatte den Ring des Eimers zu fassen, um hinuntergelassen zu werden. Zu meinem Erstaunen zog Menzel ein Notizbuch heraus und zeichnete mit größter Gewissenhaftigkeit den Karabinerhaken. Man denke, nach dem Trinkgelage, am kalten Morgen nach Sonnenaufgang.« (27)

Unerfüllte Erwartung

Ein andermal saßen bei einer Soiree mehrere hübsche Frauen in lebhafter Unterhaltung auf einem runden Sofa beieinander. Menzel stellte sich auf den Anstand und fixierte, das Buch schon in der Hand, besonders die eine. Diese, eine bekannte Berliner Schönheit, tat, als bemerkte sie ihn nicht, und unterhielt sich scheinbar unbefangen ruhig weiter, ohne sich zu rühren, in der Hoffnung, ein schönes Konterfei aus des Meisters Hand zu erhalten. Nach längerer Zeit klappte er sein Buch zu, steckte es in die Tasche und wollte verschwinden. Er wurde aber von den liebenswürdigen Frauen und dem Modell gestellt und aufs eindringlichste gebeten, die Zeichnung zu zeigen. Er blieb aber ganz unerbittlich und wurde sehr unliebenswürdig befunden. Meiner Bitte, mir doch die Zeichnung zu zeigen, schenkte er in einem leeren Nebenzimmer nach einigem Zögern Gehör. Er hatte von der schönen, etwas rundlichen Frau, die mit übergeschlagenen Beinen dagesessen hatte, nur einen Oberschenkel und den interessant und prall darübergezogenen Faltenwurf bis zur natürlichen Tournüre gezeichnet. (21)

Essen für die Kunst

Eines Abends hatte er sein Diner bestellt, und er nahm immer ein sehr reichliches ein, da es die einzige Mahlzeit war, die er am Tage außer einer Tasse Kaffee mit einer Semmel des Morgens genoß. Manchmal speiste er ein kleines Frühstück im Kreise der Seinen. Wenn ihm aber ein solches zum Atelier hinaufgeschickt wurde, so vergaß er meistens über der Arbeit, es zu sich zu nehmen. Sein Prinzip war, man müsse den Magen dressieren und dürfe nicht von ihm ahhängig sein. An jenem Abend hatte er also sein Diner bereits vertilgt. Bei Schluß desselben, etwa halbzwölf Uhr, war er sanft eingeschlafen. Vom

Nachbartische aus beobachteten Freunde, daß er nach einem halben Stündchen wieder erwachte und dem Kellner zurief: »Bringen Sie mir noch einen Eierkuchen. Dieser erschien, und der Meister hieb tapfer darauf ein. Mitten in dieser Arbeit kam aber wieder der Sandmann und ließ Exzellenz von neuem ein halbes Stündchen entschlummern. Rei erneutem Erwachen wollte Menzel nun den Rest des Eierkuchens verzehren. Er bemerkte aber, daß dieser kalt und ungenießbar geworden, legte Gabel und Löffel darauf, schob ihn etwas von sich und holte sein Skizzenbuch aus der Tasche, um dieses merkwürdige Stilleben abzuzeichnen. (21)

Ungelegene Freundlichkeit

Menzel war bei Festlichkeiten und in der Kneipe immer der allerletzte, wies es aber mit äußerster Schroffheit ab, wenn ein Freund ihn zu Fuß oder per Droschke nach Hause geleiten wollte. Beim Heimgang spürte er dann, wenn in den Straßen nachts gegraben und gearbeitet wurde, immer neue Lust, Studien zu machen. In der Potsdamer Straße war er einmal mit einer solchen nächtlicherweise beschäftigt, als ein anwohnender Herr den großen Künstler stehend zeichnen sah. Der Mann holte einen Stuhl herbei und bat den Maler höflich, es sich doch bequem zu machen, wurde aber von Menzel, der diese Freundlichkeit nur als Störung betrachtete, sehr unfreundlich mit seinem Stuhle nach Hause geschickt. (10)

»Stillgestanden!«

Ich entsinne mich einer Szene aus jener Zeit, als wir Menzels eines Abends spät verließen und schon zum Abschiede nachts an der Haustüre waren. Eine Droschke stand bereit, uns heimzufahren. Da umarmte meine Mutter die Schwester des Künstlers zum Abschiede besonders herzlich auf der Straße, und im selben Moment gebot der Bruder peremptorisch: »Stillgestanden!« Das Skizzenbuch flog aus der Tasche, und die Zeichnerei ging los – unter der Laterne auf offener Straße-, viel zu lange für meine Mutter, die sich nach Hause sehnte, zu kurz für den Droschkenkutscher, der für das Warten bezahlt werden mußte. Aus dieser Skizze entstand ein schönes Blatt »Abschied nach der Gesellschaft«, auf dem ganz besonders reizvoll eine Straßenlaterne aus dem Laub einer Linde hervorleuchtet, unter der ein paar Kutschenpferde stehen, die ungeduldig im Gebiß kauen und mit den Köpfen schlenkern. (21)

Auf dem Hochstand

Die Hoffestlichkeiten waren sein besonderes Jagdrevier. Da wurden oft die Rückseiten des Programms oder des Menus mit unzähligen gezeichneten Notizen bedeckt. Als er sein berühmtes »Ballsouper« malte, war ich mit ihm in das Palais Wilhelms I. geladen. Sobald die Schlacht um das Büfett begann, war ihm klar, daß seine natürliche Größe nicht genügte, um den Studienplatz zu überblicken. Er bat mich, als deckende Kulisse zu dienen, und stieg auf einen Stuhl neben einem Pfeilerspiegel. Schließlich stieg er auch, unbekümmert um die etwas staunende Hofgesellschaft, auf den Marmortisch vor dem Spiegel, um das Ganze einen Augenblick noch besser überschauen zu können. Der König hatte ihn stilllächelnd wohl bemerkt und ließ ihn ruhig gewähren. (21)

Nichts drin

Elisabeth Milner, verwitwete Menzel, (...) erzählte allerlei köstliche Geschichten von ihrem Schwager. Wie sich einst eine reiche Bankiersfrau von ihm malen lassen wollte und wie sie schön, jung und anmutig vor ihm saß, und er plötzlich den Pinsel wegwarf und ausrief: »Es tut mir leid, meine Gnädige, aber ich kann Ihr Gesicht nicht malen!« Auf die erstaunte Frage: »Weshalb nicht?« die prompte Antwort: »Weil nichts drin ist.« Damit verschwand er. (25)

Günstige Gelegenheit

Diese »kleine Exzellenz« sollte von einer Hofequipage zur Festfeier seines 80. Geburtstages gebracht werden. Er kam und kam nicht; die zu ihm Abgesandten trafen den Maler vor der Haustür, der alte Herr zeichnete die Pferde des Hofgespanns, das auf ihn wartete, und sagte: »Feste gibt's jetzt fast zuviel. Aber nicht alle Tage stehen mir so edle Pferde Modell!« (24)

Gezeichnete Rache

In einem Kissinger Kurhof machte sich eine Dame über das zwergenhafte Aussehen von Exzellenz Adolph lustig. Er zog gelassen sein Skizzenbuch hervor, sah immer wieder zu jenem Tisch hinüber und zeichnete. Da kam der Begleiter jener Frau heran und sagte, daß die Dame sich verbitte, von ihm gezeichnet zu werden. Meister Menzel hielt das Blatt hin, auf dem er eine gut gemästete Gans hinschattiert hatte. (24)

Schadenersatz

Ein anderes Mal vermißte meine Mutter einen Handschuh beim Fortgehen. Nach langem Suchen ergab sich, daß Menzels Wachtelhund, mit Namen Selurri, den Handschuh arg mißhandelt hatte. Meine Mutter schimpfte den Hund und seinen Herrn in schelmischer Weise aus und verlangte Schadenersatz. Am nächsten Tage kam eine reizende Federzeichnung, beinahe ein Albrecht Dürer: drei Putten (wir waren drei Brüder), die einen großen Ritterhandschuh tragen, und am Rande steht: »Verbrauche den mit Gesundheit.« (21)

Der geborgte Taler

Menzel hat mehrfach in origineller und humorvoller Weise kleine Verpflichtungen des Lebens mit Skizzen und Zeichnungen erledigt. So schickte er einmal einem freundlichen Helfer in der Not, der ihm einen Taler gepumpt hatte, denselben säuberlich in ein Kärtchen eingearbeitet mit den Emblemen eines guten Abendessens und der einem solchen hie und da folgenden Verstimmung versehen wieder zu. Er schrieb dazu: »Hat man sein Portemonaie nicht im Kopfe, so muß man gewöhnlicherweiße es in den Füßen, wenigstens in den den Hufen des Droschkenrosses haben. So wäre es vorigen Donnerstag auch mir ergangen, ohne Sie wahren u. wirklichen Deus ex M., dessen Sinn die Norne regierte, daß er die Voßstareße passierte, gerade die No. 12 links liegen ließ als ich den Phaeton entstiegen meine Taschen leer fand, Sie mir stehenden Fußes einen Taler pumpten etc. Mit vielem Dank folgt hier nicht derselbe, aber ein anderer zurück, und besten Grüßen der Ihrige Menzel B. 7. April 77.«

»Curiosa« –, ja, und das kurioseste an der Sache ist beinahe ein kleines Nachspiel, welches dieses Blatt hervorrief. Ungefähr 70 Jahre später – um das Jahr 1947 – hörte ein deutscher Kriegsgefangener in der Sowjetunion in einem Lager eines Abends, wie ein Mitgefangener einem Kameraden von diesem Blatt Menzels erzählte, welches er vor vielen Jahren in einer Berliner Kunsthandlung gesehen, dann aber leider aus den Augen verloren hatte. Da wandte sich ein Soldat, der unbemerkt zugehört hatte, zum größten Erstaunen an den Erzählenden und sagte: »Das Blatt kenne ich gut – es besitzt mein Bruder!« (8)

Rekonstruktion

Von Menzels Fähigkeit, sich zu objektivieren, hat einen der stärksten Beweise ein Vorfall aus den Jahren seines höchsten Alters gegeben. Ein sehr ernster Unfall hatte ihn getroffen, so daß er schwerkrank zu Bette lag; er sah die Ärzte, während er aus dem Schlummer halb munter werdend einen Moment hindurch die Augen öffnete. Sie standen in einer Ecke des Zimmer, wo sie sich mit leisen Stimmen über den Fall besprachen. Menzel schlief wieder ein. Als er wohler geworden, machte er eine Zeichnung: ein Schwerkranker im Halbschlaf im Bette, und in einer Ecke stehen im Schatten die Ärzte und halten flüsternd eine Konsultation ab. (27)

Die teure Vignette

Ein anderes Mal wird er von Hugo Bruckmann besucht, der eine Vignette für das große Sammelwerk Menzelscher Zeichnungen, das sein Vater herausgibt, abholen will. Der Meister hat diese Vignette ganz vergessen, geht aber sofort daran, die Arbeit zu machen. In zwanzig Minuten ist er fertig: »Zweihundertfünfzig Taler!« Erstaunt sieht ihn der junge Bruckmann an, der eine Extraforderung für diese kleine Zeichnung nicht erwartet hat, zumal sie in so kurzer Zeit hergestellt ist: »Ist das nicht für zwanzig Minuten zuviel, Exzellenz?«

Menzel sieht ihn eine Weile ganz ruhig durch seine dicken Gläser an, dann verschränkt er die Hände auf dem Rücken und bleibt vor ihm stehen:

»Junger Freund! Um diese Vignette in zwanzig Minuten zeichnen zu können, habe ich siebzig Jahre meines Lebens als Lehrzeit gebraucht!« (16)

Menzel zeichnet Lichtwark

Lichtwark erzählte, Menzel hätte ihn einmal bei einem Besuch im Atelier gezeichnet. Er freute sich sehr und hoffte, Menzel würde ihm die Zeichnung schenken. Als der Künstler aber fertig war, trat seine Schwester, die ihm den Haushalt führte, heran, sah ihm über die Schulter und sagte: »Das kommt in Mappe siebenunddreißig.« (27)

Der rechte Mann

Eins der von mir meist benutzten Modelle, der Buchbinder und Masseur Deutsch – eins der brauchbarsten, im Posieren ausdauerndsten der vierziger, fünfziger und sechziger Jahre, eine kraftvolle Gestalt mit stählernen, klar gezeichneten Muskeln, später ein kümmerliches, verfallenes Männchen –, stand mir häufig in den Zeiten seiner noch ungebrochenen Kraft. Da konnte er nie genug erzählen von seinen Modelltaten bei den ersten Berliner Meistern, bei Rauch, Bläser, Albert Wolff, Drake und Menzel. Dieser letzte hatte ihm seinen Beruf doch immer gar zu schwer gemacht. Aber niemals schwerer, als da er ihm zur Gestalt des ein Flötensolo spielenden Großen Königs im Bilde »Konzert bei Hofe. Sanssouci 1750« stand. Die Folgen nicht ahnend, hatte er, vom Ehrgeiz gestachelt, einmal mitgeteilt, daß er die Flöte blase. So war Deutsch der rechte Mann, den der Maler für seine Königsfigur brauchte. Eingekleidet in eine der Friedrichs nachgebildeten Uniform, bestrahlt von den Kerzen des Lustres, mußte Deutsch in der ihm gegebenen Stellung stehend eine zopfige alte musikalische Weise auf seiner Flöte spielen, während Menzel ihn malte. Wenn jener, ermüdet, im Flöten pausieren wollte, so erklang immer wieder erbarmungslos das Kommando des Meisters: »Blasen Sie weiter!« Der Maler ermüdete nie, und wenn er ohne Unterbrechung den ganzen Tag arbeitend an seiner Staffelei gestanden hätte. Aber dem Modell ging schließlich der Atem und die Fähigkeit zu blasen und zu stehen aus, und er brach zusammen. »An die Sitzung werde ich mein Lebtag denken«, pflegte Deutsch zu sagen, wenn er dies Erlebnis mit Menzel schilderte. (23)

Überarbeitung in Kissingen

An der Kurpromenade sah ich bei einem Kunsthändler eine flüchtige Kreidezeichnung Menzels auf einer Staffelei vor dem Laden ausgestellt. Ich teilte ihm dies mit, und er ging sofort mit mir zu seinem Werke, das eine Szene in einem Eisenbahncoupé darstellte. Eine müde, reizlose Frau ist in früher Morgenstunde durch das Aufreißen der Coupétür und das Kaffeegeschirr des Kellners aus ihrer Lage aufgeschreckt und blickt verstört nach dem Labetrunk. In dieser Situation ist es auch für das schönste Weib schwierig, schön und lieblich auszusehen. Der ebenfalls erwachte Gatte, nun von hinten gesehen, reckt gähnend und verschlafen die Glieder. Menzel hat unzählige Studien in Eisenbahncoupés gemacht, und kein Reisegenosse war vor seinem Stift sicher. Er hatte seine Zeichnung eine Weile betrachtet und sprach für sich: »Das ist ja schmachvoll.« Dann betraten wir beide den Laden, und Menzel sagte dem Inhaber etwa folgendes: »Lieber Herr, Sie haben da von mir eine alte Sünde ausgestellt, ganz schamrot bin ich geworden; das Ding kann aber gar nicht so bleiben. Ich bitte Sie, es mir ins Hotel zu schicken, ich werde noch etwas daran arbeiten.« Der Händler erwiderte, daß er dies wohl gern tun würde, daß ihm selbst das Bild aber nicht gehöre und er den in Kissingen anwesenden Besitzer erst befragen wolle. Der Meister hätte am liebsten das Blatt gleich mitgenommen, um es so schnell wie möglich allen Blicken zu entziehen. Nach einer Stunde, kurz vor der Table d'hôte, war das Bild im Hotel, und als diese kaum beendet, sah ich meinen Freund sich erheben und verschwinden, sowohl den einen Tag als auch viele folgende. Er schloß sich sogleich nach Tisch in sein Zimmer ein und arbeitete an der Kreidezeichnung, bis diese sich in ein ganz wundervolles vollendetes Gouachebild verwandelt hatte. Er stellte dies Meisterstück dem um so mehr erfreuten Kunsthändler wieder zu, als er nichts für seine Mühe beanspruchte. (21)

Arbeit am »Hochkirch-Bild«

Um die Schönheiten einer Feuersbrunst zu studieren, hatte Menzel mit dem Nachtwächter seines Reviers ein Abkommen getroffen, daß dieser ihn wecken solle, sobald in der Stadt gegen Morgen ein großes Feuer stattfände. Der Wächter sollte dann auch eine gute Belohnung erhalten. Ich will annehmen, daß der Künstler den Nachtwächter nicht zum Brandstifter gemacht hat; denn der Zweck wurde nach kurzer Zeit erreicht. (21)

Quasi Leichenzug«

Dem Maler Albert Hertel berichtete Menzel über sein »Hochkirch-Bild«:

»Wie gesagt: Es ist in der Ritterstraße entstanden. Für die Große Akademische Ausstellung hatte ich es angemeldet und bis zum Eröffnungstag Aufschub dafür verlangt. Am Vorabend endlich mußte es hingeschafft werden, und da zeigte es sich, daß das Bild viel zu groß war, um über die Treppen hinunter- und hinauszukommen. Es wurde also – naß, wie es war – von den beiden Schmalseiten des Blendrahmens losgelöst, und acht Menschen trugen es die Treppen hinunter. Unten aber war das Geländer derart, daß es auch so nicht zur Hoftür hinauskonnte. Da sprang endlich mein Hauswirt, der auch bei dem Transport war, herzu und sägte mit eigener Hand den unteren Torpfosten ab für freie Bahn. Und diese Tat soll dem braven Mann für ewig unvergessen sein und bleiben. Nun waren wir endlich auf der Straße, und es war inzwischen – gottlob – dunkel geworden. Es mußten Fackeln herbeigeschafft werden. Ich ging voran als Fackelträger, dann kamen die acht Träger, breitgehend, damit das naß herunterhängende Bild den Fußboden nicht berühre, dann der Wirt, wieder mit Fackel, als Nachtrab! Dieser quasi Leichenzug ging über den Dönhoffplatz nach der Alten Akademie Unter den Linden, die natürlich vollkommen geschlossen war – es mochte inzwischen ungefähr 10 Uhr abends geworden sein! Mit Mühe konnten wir den Kastellan heraustrommeln, der mürrisch öffnete und uns in den Uhrsaal hinaufließ, wo der Rahmen bereits auf dem Fußboden vor der Uhr lag.« (15)

Kopfzerbrechen über das »Théâtre du Gymnase«

Den Kollegen an der Seine, besonders den alten Meistern, bleibt dieses Werk unbekannt; der gleichaltrige Daumier, der auch eine berühmt gewordene Theaterszene gemalt hat, kann nicht seine Verwandtschaft mit dem Preußen feststellen und den Jüngeren, Pissaro und Manet, geht die Beschäftigung und Bestätigung ihrer Absichten verloren, die sie aus diesem wegweisenden Bilde hätten schöpfen können. Aber auch in Deutschland bekommt niemand dieses Bild zu sehen; siebenundvierzig volle Jahre führt es ein dunkles Dasein, bis es 1902 auf der »Ausstellung verborgener Privatschätze« ans Licht kommt. Da niemand etwas von diesem Bilde weiß, noch dazu die Jahreszahl 1855 als »unbedingt falsch«

erklärt wird, da Menzel »bekanntlich erst zwölf Jahre später (1867) zum ersten Male in Paris gewesen sei«, so gibt es großes Kopfzerbrechen. Schließlich wendet man sich an den alten Menzel, um dieses Rätsel gelöst zu bekommen. Begas wird vorgeschickt, der trotz aller freundschaftlichen Beziehungen zum Meister auch völlig im unklaren ist. Menzel, der die Polemik um das Bild eifrig verfolgt, sich aber hütet, der Presse irgendeine Aufklärung zu geben, sieht sich nun gezwungen, dem Freunde Reinhold [Begas] die damals geheim gehaltene Reise zu gestehen: »Schade!« fügte er fast bedauernd hinzu. »Es hätte schön werden können, wenn nach meinem Tode die Doktorfrage wie bei Dürer aufgetaucht wäre: War Dürer schon vor seiner 1506 beglaubigten Reise in Italien? Oder war Menzel wirklich schon 1855 in Paris? – Stell dir die Akademie vor! – Reinhold, nein – wirklich, ich hätte es dir doch nicht eingestehen sollen!« (16)

Studien zum »Krönungsbild«

Er hat einen Stuhl über zwei Bänke gestellt, um von hier aus die Remterpfeiler in ihrem Gestrebe und Netzwerk zu zeichnen. Da die Kirche für heute geschlossen werden soll, macht der Flügeladjutant, Graf Kanitz, noch einen letzten Besichtigungsrundgang durch das Schiff. Im Glauben, einen Reporter vor sich zu haben, ruft er dem kleinen Mann auf dem Stuhlgebirge in seinem unverfälschten Ostpreußisch zu: »Na, sputen Se sich man, kleines Mannche!«

Menzel, der in bezug auf seine Körpergröße keinerlei Spaß versteht, antwortet ihm schneidend aus seiner Höhe: »Exzellenz sind wohl gewohnt, die Menschen nach der Elle zu messen!« (16)

Sitzung zum »Krönungsbild«

Menzel hatte für den (...) (Feldprobst Thielen) drei Sitzungen in Aussicht genommen, da der Geistliche ja unmittelbar vor dem König stand und als einziger in diesem feierlichen Augenblick zu sprechen hatte. Aus den drei vorgesehenen Sitzungen werden siebzehn, da es Menzel nicht gelingen will, die richtige Mundstellung des Pfarrers herauszubekommen. Schließlich verfällt Menzel auf ein einfaches Mittel: Er läßt den Feldprobst jene Worte sprechen und immer von neuem wiederholen – ohne Rücksicht auf ihn zu nehmen –, die er damals in Königsberg bei jenem Höhepunkt der Handlung ausgerufen hatte: »Heil dem König!« – »Heil dem König!« – »Heil dem König!«, bis der Feldprobst ganz ermattet zusammensinkt: »Ich kann nicht mehr, Herr Professor, bin schon ganz heiser!« (16)

Wortgefecht mit Wrangel (I)

Bei der Vollendung dieses Krönungsbildes ging er in bezug auf die Zahl der Personen, die er zuerst auf das Bild bringen wollte, sehr vorsichtig zu Werke. Er sah voraus, daß dies figurenreiche Bild einige Jahre seines Lebens beanspruchen würde, und hatte Angst, daß eines oder das andere seiner ältesten

Modelle vorzeitig diese Welt verlassen könnte. Er malte deshalb zuerst den alten Feldmarschall Wrangel auf das Bild, wobei sich einige unliebsame Erörterungen zwischen dem Modell und dem Künstler ergeben haben sollen, die Stoff zu einigen Anekdoten gaben, deren Wahrheit ich nicht verbürge. Wrangel soll zu Menzel in jovialer Weise geäußert haben, als er des langen Sitzens überdrüssig wurde: »Na, kleiner Mann, sind Sie nu bald fertig?« – worauf Menzel, der in bezug auf seine Körpergröße niemals einen Spaß verstand, erwiderte: »Exzellenz sind wohl gewohnt, die Menschen nur nach der Elle zu messen?« – Wrangel ergriff, die Sitzung aufhebend, die Ausgangstür und soll dem Meister die Worte zugerufen haben: »Sie sind eine giftige kleine Kröte!«, worauf er aber schnell verschwand. (21)

Wortgefecht mit Wrangel (II)

In dem in den Jahren 1862/65 entstandenen Bild »Die Krönung König Wilhelms I. in Königsberg« malte Menzel zahllose Porträts nach der Natur. Diese Naturtreue war aber einigen mitdargestellten Hofdamen etwas peinlich. Zarte Winke um Verschönerung und Verjüngung blieben erfolglos. In dieser Not verfiel man auf »Papa Wrangel«, den urwüchsigen Feldmarschall. Galant, wie er war, begab er sich in dieser diplomatischen Mission sogleich in das Atelier Menzels. Nachdem einige sich in ihrer Deutlichkeit steigernde Versuche an dem schweigsamen Meister wirkungslos abgeprallt waren, ging der alte

Kürassiergeneral zum Angriff mit ernsteren Vorstellungen über. Vermutlich zu forsch: Menzels Selbstgefühl als Künstler wurde verletzt. Da Wrangel nicht nachließ, geriet er in Wut und wies den Marschall höchst energisch zum Tempel hinaus. Zitternd vor Erregung zog sich der alte Herr denn auch zurück, wobei er dem Maler die klassischen Worte zuschleuderte: »Sie – sind – eine – eklige – Krät!« (10)

Malerstolz

Das »Krönungsbild« war ein gewaltiges Kunstereignis. Als Atelier diente der Schweizersaal im Königlichen Schlosse. Dort besuchte einst W. von Kaulbach, der gerade im Museum an dem so anders gearteten »Reformationsbilde« arbeitete, unseren Künstler. »Ei, ei«, so fragte Kaulbach verwundert, »was geschieht denn hier?« Und Menzel erwiderte: »Ja, ja, hier wird auch gemalt!« (32)

Freiherr von Patow über das »Krönungsbild«

Am Abend vor der öffentlichen Ausstellung des Bildes besteigt der kleine Meister noch einmal die hohe Leiter, um das Bild abzutasten, zu befühlen und zu prüfen, ob auch der Firnis an allen Stellen richtig eingedrungen ist. Als ihn Patow so zwergenhaft an dem Riesenbilde herumklettern sieht, sagt er zu dem neben ihm stehenden Minister von der Heydt: »Man kann sagen, was man will, Menzel malt nur deshalb einen so riesigen Schinken, um seine eigene Unscheinbarkeit vergessen zu machen!« (16)

Ergänzung

An das Jahr 1875 erinnert mich eine Fotografie seines »Eisenwalzwerkes«, die er mir später gelegentlich seines Geburtstages schön eingerahmt schenkte und auf deren weißen Rand er rechts und links als Fortsetzung der Szene noch einige Arbeiter in Bleistift gezeichnet hat, mit der Widmungsinschrift darunter: »Rechts und links paar Tropfen all dessen, was nicht mehr mitten hinein konnte.

Mit hochachtungsvollem Gruße Menzel.« (29)

Modellstudie zur »Hofgasteiner Prozession«

Mit vieler Mühe ist es Menzel gelungen, ein Modell für den Hauptfahnenträger zu finden: einen Ringkämpfer, den er im Palisadenviertel entdeckt hat. Dieser Mann soll nun mit der Fahne durch die Tür des Ateliers eintreten, die hier das Kapellentor von Hofgastein ersetzen muß, und gebückt eine bestimmte Rückenhaltung einnehmen, die das Linienspiel der Fahnenfalten harmonisch fortsetzen soll. Das gelingt nicht, so daß der Mann immer wieder zurück muß. Schließlich wird ihm die Sache zu dumm, wütend wirft er die Fahne hin und donnert dabei den kleinen Maler mit Stentorstimme an: »Mache icke det Bild eijentlich oder Sie!«

Ganz erschrocken zieht sich Menzel hinter die Staffelei zurück, kommt dann aber auf der anderen Seite wieder hervor: »Sie haben ganz recht, malen ist auch gar nicht so leicht – ich wäre auch viel lieber Ringkämpfer geworden!« (16)

»Ach was, Poussin!«

Über Salzburg hinaus kam er dann einige Jahre zu meinem Schwiegervater Magnus Herrmann nach Hofgastein. Auf einer Fahrt dorthin zeigte ich nach links, wo die Feste Hohensalzburg in fahlem Licht vor dem schwarzblauen Geisberg lag, und wagte hinzuzufügen: »Ist das nicht ein Poussinscher Effekt?« Da drehte mich Menzel heftig nach rechts, zeigte mir einen Misthaufen dicht am Wege und sagte: »Ach was, Poussin! Hier das sehen Sie sich an!« (13)

Keine Sentimentalität

Für zwei Gattungen von Bildern hatte er wenig übrig, für Stimmungsbilder und für Bilder mit sogenanntem deutschen Gemüt. Eine solche Sünde hatte auch ich begangen und dies Opus vor seinem Auge versteckt, um mir eine Schamröte zu ersparen. Er drehte aber doch die Staffelei herum und betrachtete schweigend das junge, sehnsuchtsvolle Mädchen, das bei aufgehendem Mond unter einem Jasminstrauch einem Zuge Vögel nachschaut. Er besah es nicht liebevoll, tippte mit den Fingern auf den blaßrosa aufgehenden Mond und sagte: »In den Fürst Pückler hättest du auch noch einen Eislöffel hineinstecken können.« (21)

Horror vacui

Große, leere Stellen auf Bildern konnte er nicht ausstehen, und wenn wir zusammen eine Ausstellung durchwanderten, stand er bei solchen Werken nur still, um zu bemerken: »Was hätte man da noch alles hineinmalen können«, oder auch, wenn die Bilder ein zu ödes Landschaftsmotiv darstellten: »Die Natur hat wohl oft so schwache Momente, aber man malt sie doch nicht gerade.« (21)

Eingeständnis

Er selbst mokierte sich einmal über die Überfüllung seiner eigenen Bilder, als er mit lebhaftem Lachen eine Parodie bewunderte, die Oberländer in seinem berühmten Zyklus »Der Kuß« auf Menzel gemacht hatte. Er fand nur eines falsch darin, die große Namensunterschrift, und sagte: »Ich habe gewöhnlich keinen Platz, um meinen Namen auf das fertige Bild zu schreiben.« (21)

Vergebliche Mühe

Ein namhafter zeitgenössischer Dichter war durch Zeichnungen Menzels zu gedankenreichen Versen begeistert worden. Eine dem Meister befreundete Dame las in der Stille eines Sonntagvormittags dem eifrig zuhörenden Maler diese Poesien vor. Ein »Bitte weiter!« war die einzige Unterbrechung, die er zwischen den Strophen einschaltete. Als das letzte Wort verklungen war, wandte er sich zu der Vorleserin: »Bitte, sagen Sie Herrn *** meinen allerverbindlichsten Dank. Das ist ja sehr gütig, daß er sich so eingehend mit mir beschäftigt. Ich bin beschämt und überrascht zugleich. Bitte, übermitteln Sie ihm meinen anerkennenden Dank.« Mit einer unnachahmlichen Fingerbewegung: »Das war für den Dichter. – Ihnen aber sage ich: Es ist eine Unverschämtheit, daß solch ein Poet sich einbildet, Kunstwerke erklären zu können. Kunst muß durch sich allein reden, braucht keinen Dolmetscher. Weiß ja, daß Sie das auch denken. Aber Dank für die Mühe sollen Sie doch haben.« (10)

Gespräch über die Schönheit

Ich war wohl noch ein recht kleines Kind, als ich zum erstenmal Adolph von Menzels Atelier betrat. Meine Mutter hatte mich mitgenommen. Der kleine Herr mit der großen Brille, der sonst nicht viel sprach, sprach viel mit meiner Mutter. Und ich stand in dem mir unfreundlich erscheinendem Raum zwischen den vielen Bildern und dachte: »Wären wir doch erst wieder zu Hause!« Menzel hatte keine besondere Vorliebe für Kinder. Als meine Mutter mein unglückliches Gesicht sah, wandte sie sich mir zu: »Sieh nur, diese vielen schönen Bilder hat der Onkel gemalt.« Ich schüttelte energisch den Kopf. »Glaubst du es nicht?« fragte mich der kleine Mann und sah mich durch die Brillengläser lange an. »Ja«, sagte ich, »aber sie sind nicht schön.« – »Sag das noch einmal«, sagte Adolph Menzel, und seine Stimme klang sehr freundlich. Ich sah ihn etwas zweifelnd an. »Nicht schön«, wiederholte er, und dann zu meiner Mutter: »Sie ist offen wie du.« Er hob mich auf eine Fußbank, da war ich so groß wie er, und küßte mich auf den Mund. Das Prickeln seines gräßlichen, stachligen Bartes fand ich abscheulich. Es war wohl einer der wenigen Küsse, die Menzel in seinem Leben verteilt hat.

»Schönheit«, er sprach es breit und langsam, »Schönheit – sie ist da, wo Wahrheit ist. Wahrheit ist alles. Wenn du so alt bist wie deine Mutter, wirst du sagen: ›Onkel Menzel hat wahrhaftige und schöne Bilder gemalt.‹ — Paß einmal auf«, sagte Menzel dann und führte mich in eine Ecke und wies auf eine Porträtzeichnung: »Wer ist das?« – »Hans Joachim«, sagte ich. – »Sieht er so aus?« – »Ja«, sagte ich, und es war eine frohe Überzeugung davon in mir. »Sonst stände er auch nicht da«, sagte Menzel und wendete sich wieder meiner Mutter zu. (5)

Talent und Charakter

Bei einem Gespräch über Kunst und Künstler äußerte er nachdenklich: »Ja, die Eins ist das Talent, aber der Charakter gibt die Nullen dazu.« (11)

Befürchtung

Um dieses Bild [»Am Kreuzberg bei Berlin« (1847)] Berlin und möglichst einer öffentlichen Galerie zu erhalten, beschloß ich, es, wenn irgend möglich, vorläufig selbst zu kaufen, und suchte den alten Herrn dafür zu erweichen. Das daraus sich entwickelnde Gespräch schrieb ich nicht nur seiner Denkwürdigkeit wegen sofort nieder, ich hatte es ihm zur Begutachtung vorzulegen als Ausweis, welche Gründe ihn zum Verkauf dieses Bildes bestimmt haben. Das Gespräch spiegelt so ganz den alten wunderlichen und doch so lauteren Menzel wider, ein document humain wie selten eins: »Also, Exzellenz, daß es nicht fertig ist, sehe ich und werde es als unfertig im Katalog bezeichnen lassen, auch den eventuellen Käufer darüber aufklären. Bis der kommt, bitte ich, das Bild selbst erwerben zu dürfen.«

»Nein, hören Sie, lieber Herr, ich kann's nicht verkaufen! Es ist unfertig und bleibt so, wo's auch hinkommt. Es ist doch immer ein Stück von meinem Monument und kann mal die ganze Fassade stören. Außerdem werden die Leute, die ja um eine Legende zehn Wahrheiten malträtieren, nicht vorwandlos behaupten dürfen, daß es Menzel in seinen alten Tagen nicht gut gegangen sein muß, weil er so'ne unvollendeten Dinger verkauft hat. Das darf ich gar nicht!« (4)

Indirektes Urteil

Ein Maler, Professor Grimm, Kassel, hatte ein großes Ölbild »Mohrentaufe« vollendet und bat Menzel um sein Urteil. – Er nahm mich dorthin, wir standen lange vor dem Bild, ohne daß Menzel ein Wort sagte, dann fragte er plötzlich, wer den Studienkopf an der Wand gemalt habe. Grimm sagte, daß er ihn in Rom gemacht habe. Darauf sagte Menzel: »Hören Sie, das Ding ist vortrefflich«, und empfahl sich, ohne ein Wort über das Bild zu äußern. (2)

Gutachten für den Kaiser

So zeigt er [der Kaiser] auch eines Tages Menzel auf einem Hofball das Gemälde eines Ahnen, des Prinzen Wilhelm von Oranien, das er begutachtet haben will. Menzel betrachtet das Bild nur kurz. Alles wartet gespannt auf sein Urteil, denn der ganze Hof weiß, daß dieses Gemälde für sehr viel Geld vom Kaiser in Paris erworben ist. Menzel schiebt umständlich die Brille wieder zurück: »Schund, Majestät!« Ganz erschreckt sucht man ihn umzustimmen, auch der Kaiser verlangt, daß er nochmals das Bild prüfe. Das tut Menzel auch, wendet sich dann aber zu seinem allerhöchsten Herrn und wiederholt: »Es ist und bleibt Schund, Majestät!« (16)

Bismarck nackt?

Für den Truppeneinzug [Berlin 1871] steuerte er zum Schmuck der Fassade der Akademie zwei große Bildnisse von Moltke und Bismarck bei. Bismarck ist überhaupt Mittelpunkt aller Ehrungen und Darstellungen; so fragt man bei Menzel schriftlich an, wie er sich zu dem Vorschlag Hermann Grimms stelle, Bismarck ganz antik – nämlich nackend – darzustellen und dieses Monument auf den Königsplatz zu setzen. Begründet wird dieser Gedanke durch den Hinweis, daß Napoleon auch »antik« so im Hof der Mailänder Brera stehe. – Menzel beantwortet diese Frage sehr kurz: »Wie sich die Italiener an Napoleon rächen, geht mich nichts an, im Falle Bismarcks halte ich aber zumindest eine bauschige Toga für angebracht.« (16)

Kommentar zu einem Menzelporträt

Ein jüngerer Kollege hatte den Alten mit schärfster Charakteristik seiner vom Ernst der Arbeit rissigen und bissigen Gesichtszüge porträtiert. »Na, Sie hat wohl das Zoologische an mir am meisten interessiert«, lautete sein Urteil. (19)

Schlagfertig

Menzel hatte in einer Ausstellung sich sehr abfällig über ein Bild geäußert, da stürzte der gekränkte Maler herbei und schrie: »Flegel!« – »Freut mich sehr«, versetzte der Meister, »Ihren Namen kennenzulernen, der meine ist Menzel.« (24)

Juror Menzel

Sehr oft war er bei Ausstellungen als Juror zur Verteilung von Medaillen tätig. Aber es war schwer, ihm eine sach- und fachgerechte Behandlung der vorliegenden Fragen beizubringen. In seiner peniblen Gründlichkeit besuchte er vor der Juryversammlung einige Tage lang unermüdlich die Ausstellung, machte sich in seinem Katalog zahllose Notizen, auch bei Bildern, deren Autoren längst die Medaille hatten, und wenn die Herren sich zur Sitzung versammelten, kam er einige Stunden zu spät und hatte seinen kostbaren Katalog vergessen. Sobald die Herren zu den Bildern gingen, auf die es ankam, schlug er stets Nebenwege ein, blieb bei einer beliebigen Arbeit stehen und erklärte irgendeinem Besucher, der sich das Werk auch gerade ansah, die

Vortrefflichkeit einer Stelle. Etwas sarkastisch bemerkte er, daß seine Vorschläge ja doch niemals gehört würden. Einmal hatte die Jury ein gutes Porträt zu einer Medaille vorgeschlagen. Als Menzel hinzukam, meinte er, er sei für die Stiftung einer Strafmedaille, und als man, um ihn günstig zu stimmen, ihm ein andres Porträt desselben Künstlers zeigte, sagte er: »Nun, damit zeigt er doch, daß er niemals eine Medaille haben will.«(21)

Provokative Frage

Einmal, als man ihn vor der Eröffnung durch die Moabiter Kunstmesse führte, blieb er vor einem Kolossalschinken Beckers, des Senatspräsidenten und Figurinenmalers, stehen, tippte mit dem Zeigefinger auf den Rahmen und fragte, mit der Miene bangsten Zweifels: »War die Jury hier schon?« (9)

Über Anton von Werner

Ganz eigenartig ist Menzels Stellung zu Anton von Werner; im Grunde mag er ihn nicht, aber er sieht in ihm doch – trotzdem Werner dreißig Jahre jünger ist – den Schüler der Krügerschen Nachzeit und sucht ihn darum zu halten, schon der Tradition und damit der eigenen Position wegen. Wenn Franzl (Lenbach) in München spöttisch von »Sankt Anton von Werner« spricht und Böcklin zu Floerke sagt: »Dieser Herr von Werner ist der empfindungsloseste Unteroffizier«, so hebt Menzel warnend den Zeigefinger und wackelt mit ihm drohend. Als er auf einer

Ausstellung ein neues Bild Werners sieht, »Kaiser Wilhelm gratuliert Moltke zu seinem achtzigsten Geburtstag«, bleibt er absichtlich lange davor stehen und sagt betont laut, damit es »die Modernen« alle hören können: »Auf diesem Bilde ist jede Partie gut von unten bis oben; ich würde es gern selbst gemalt haben!« – Gleich danach sieht er bei einer Gesellschaft im engeren Bekanntenkreise ein anderes Wernersches Bild, das einen Offizier darstellt. Hier kann er sich ungezwungener ausdrücken: »Hintergrund unmöglich – Panoramamalerei! Vorne nur Stiefel, gut geputzt, Sporen mäßig, Pflastersteine auch – überhaupt Pflastersteine! So etwas sieht doch nur ein Kommiß, aber doch kein Maler!« (16)

Über Lenbach

In Bausch und Bogen hat er über ihn das Urteil abgegeben: »Unter viel Belanglosem ragen aus der Flut einige seltene Klippen auf! – Das Hauptmalheur bei Lenbach ist, er kann nicht zeichnen, man braucht sich dazu nur seine Spitzen, Orden und Uniformen ansehen, die sind ganz gleichgültig und hundsmiserabel gemalt!« Unter dem Belanglosen versteht Menzel die Bismarckbilder – mit Schlapphut, der nach seiner Meinung nur dazu da ist, das rembrandtische Hell-Dunkel anzubringen. Ganz empört hat Menzel über »diese Faxen« anläßlich einer Ausstellung erklärt: »Da malt dieser bayrische Franzl an jedem Dienstag- und Freitagnachmittag ein Bismarckbild nach einer vergrößerten Fotografie, die er durchpaust, dann führt er die Augen aus, skizziert allenfalls noch das Gesicht, und muschelt das andere in einer braunen Soße zusammen; dafür bekommt der Unmensch dreißigtausend Mark. Ich habe bei meinen sorgfältigen Vorstudien zwei Jahre zu manchem Bild gebraucht und bekomme dafür noch nicht einmal das!« (16)

Über Liebermanns »Simson und Delila« (I)

Eine seiner glänzendsten Bemerkungen – sie wird um so bewundernswürdiger, als Menzel damals 88 Jahre zählte – war die Antwort, die er auf die Frage eines Bekannten erteilte, wie ihm Liebermanns Bild »Simson und Delila« gefalle. Man hing in dem Zimmer an seinen Lippen. Jeder wollte eine Entgegnung hören, die womöglich für Liebermann unangenehm ausfiele. Menzel tat den Leuten nicht den Gefallen. »Über die Verhältnisse von zwei Liebenden soll ein Dritter nicht urteilen«, sagte er nur. (27)

Über Liebermanns »Simson und Delila« (II)

Einmal fragte ich ihn diskret, wie ihm Liebermanns »Simson und Delila« gefiele; er wollte nichts Positives von sich geben und bemerkte: »Weißt du, bei solchen Liebesaffären und Amouren hat der dritte, der Zuschauer, gar kein Urteil. Das ist Geschmacksache der Betreffenden.« (21)

Über Böcklin

Das Spöttische bei Böcklin hat Menzel immer gefallen, besonders das Bild auf der Berliner Ausstellung: »Sankt Anton predigt den Fischen.« – »Sehen Sie nur«, sagt Menzel erklärend zu Schlichting, »wie die dicken Fische den asketischen Heiligen am Ufer als Narren ansehen. Dieser Hai im Vordergrund ist doch köstlich mit den fromm gefalteten Flossen und seinen heuchlerisch verdrehten, blitzdummen Augen und der höhnisch herabhängenden Lippe, als wollte er sagen: »Predige nur, du Krone der Schöpfung, mich lockst du nicht ins Garn – nachher will ich noch auf Jagd gehen! (16)

Vor Böcklins Pietà

Bei Schulte war Böcklins Pietà (...) ausgestellt. Menzel, der nie etwas von Böcklins dichterischer Malerei wissen wollte, gab schließlich dem Drängen nach und ließ sich von der Gattin eines ihm befreundeten Kollegen vor das Bild führen. »Nun, was sagen Sie«, begann die Dame nach langem Schweigen, »zu diesem Christus? Ist das nicht bei höchster Schönheit auch in Ihrem Sinne wirklich und wahrhaftig?« – »Da sehen Sie, liebe Frau«, antwortete Menzel, »was es mit diesem Realismus auf sich hat. Auf diesen toten Leib, den Sie so bewundern, hätten sich in diesem Klima längst die Fliegen so dicht niedergelassen, daß er nicht weiß, sondern schwarz erscheinen müßte.« (19)

Über Reinhold Begas

Einmal hielt Menzel eine kleine Skizze einer nackten Nymphe, die Begas Gustav Richter geschenkt hatte, in den Händen, bewunderte sie außerordentlich und sagte dabei zu Richter: »Sagen Sie doch dem Reinhold, wenn Sie ihn sehen, ob er nicht imstande wäre, sich einmal etwas platonisch zu verlieben, damit er den Gesichtsteilen auch einige Aufmerksamkeit schenken möchte.« (21)

Über Begas' Menzel-Büste

Als Begas zur Besichtigung seiner Menzelbüste auch den Freund als Modell und Kritiker einladet, ist er sicher, daß er von dem Gestrengen »zerrissen« wird. Die Jury hat sich allerdings bereits für den Ankauf zu Gunsten des Staates (die Büste steht heute in der Nationalgalerie) entschlossen, mit der Begründung, daß der Künstler die Aufgabe gelöst und die plastische Wiedergabe des Kopfes lebenswahr geglückt sei. Besonders bewundert man auch das von Begas gewählte Material: den leicht getönten carrarischen Marmor mit mattem und spiegelndem Korn, das besonders die Augen- und Mundpartien wunderbar hervortreten läßt. Ungemein charakteristisch wirkt auch die bewegte Hand, das lose Halstuch und der derbe Hausrock. Das alles stellt auch Menzel fest, der nicht von der Büste wegzubekommen ist. In einer Anwandlung von Rührung reicht er Begas die Hand und bedankt sich bei ihm in selten herzlicher Form; dann aber scheint ihm das zu viel geworden zu sein, er geht noch einmal zu der Skulptur zurück, besieht sie von allen Seiten, um dann Begas energisch an der Weste zu zupfen: »Aber! – In Zukunft noch mehr auf das Profil achten! Lerne von David d'Angers: Le profil c'est l'homme!« (16)

Menzel und Jozef Israëls

Auf einer internationalen Ausstellung wollte sich die Jury in den holländischen Saal begeben. Ich hatte als eine Art Schäferhund immer die Aufgabe, den abirrenden Meister zur Stelle zu schaffen, holte ihn auch aus dem schwedischen Saal herbei und zeigte ihm die drei Holländer, um die es sich handelte; doch nahm er davon gar keine Notiz und lorgnettierte ein größeres Bild von Israëls. Auch meine Mitteilung, daß Israëls längst die große Medaille habe, brachte ihn nicht von dem Bilde weg. Nun sah ich den ebenfalls kleinen, greisen holländischen Meister herannahen. Böses ahnend, flüsterte ich Menzel zu: »Du, da kommt Israëls!« Dieser, erfreut darüber, daß der Meister die »Fischer« so gründlich betrachtete, fragte freundlich: »Nun, Exzellenz, wie gefällt Ihnen denn meine Schilderij?« Menzel, der meine Bemerkung überhört hatte, sagte, ohne von Israëls Notiz zu nehmen: »Oh, es ist in der Totalität und im Aufbau vortrefflich, aber, aber«, und dabei tippte er mit der Lorgnette auf viele Stellen, »es ist alles so faul gemacht, faul – faul – faul.« (21)

Lieblingslektüre

Lesen Sie wohl mal Zeitungen?« durfte ich, nach einer Pause der Unterhaltung, den alten Menzel einst fragen, worauf der Meister, den Zeigefinger seiner kleinen Hand nach oben richtend, mit dem gewissen soldatesk Prophetischen, das er einzelnen seiner Aussprüche beigeben konnte, antwortete: »Ich lese die schönste Zeitung der Welt.«
Er meinte den »Punch« (...). (28)

Über den »Punch«

Sein ständiges Hauptvergnügen waren die illustrierten Journale, die er allabendlich bei Josty studierte. Von den Bildern im »Punch« meinte er: »Wenn von der ganzen englischen Kunst nichts übrig bleibt als die Punchillustrationen, so ist das schon genug.« (21)

Courbet bittet zur Kasse

Im Jahre 1867 kam Menzel zur Weltausstellung nach Paris. Ich hatte ihn wie einige andere Berliner Freunde in einem sehr bescheidenen Hotel einlogiert, das meiner Wohnung in der Rue de la Rochefoucauld gegenüber lag, und machte mir ein Vergnügen daraus, ihn in Paris herumzuführen. Als wir eines Morgens der Ausstellung zupilgerten, sah ich nach der Uhr und fand, daß es für die große Ausstellung noch zu früh war. Ich schlug dem Freunde vor, die Zeit zu benützen und die Exposition Courbets zu besichtigen. Der große Realist hatte gemeint, daß man ihn nach zwei Bildern – mehr wurden von einem Künstler nicht zugelassen – nicht genügend beurteilen könne, hatte deshalb auf seine Kosten an der Seine, in der Nähe der Ausstellung, fül sich und seine Werke einen einzigen großen Ausstellungsraum erbaut und ein Atelier daneben, von dem aus er das Publikum beobachten konnte. Wir standen an der Eingangstür, die offen war und einen Einblick gestattete. Die Kasse aber war noch nicht geöffnet und das Tourniquet unbeweglich. In der äußersten Ecke des Saales sah ich einen stattlichen Mann in Hemdsärmeln, der dort mit einem Besen herumhantierte: ein wahrer Kraftmensch mit Vollbart und einer Pfeife im Munde. Ich erkannte, daß dies der große Courbet war und rüttelte an der Eisenbarriere, worauf er näher kam und ich aus meiner Tasche ein Passepartout für diese Ausstellung zog, das mir der Künstler liebenswürdigerweise zugesandt, weil ich auf dem Salon eine goldene Medaille erhalten hatte. Während ich ihm die Karte hinzeigte, stellte ich den großen deutschen Meister vor, von dessen Existenz Courbet keine Ahnung hatte. Menzel hatte inzwischen sein Portemonnaie herausgeholt und suchte nach einem Franc. Ich murmelte ihm zu, daß er dies unterlassen möchte. Da aber Courbet sich in Schweigen hüllte, so legte Menzel sein Francstück vor das Gitterchen der noch geschlossenen Kasse, Courbet nahm es und steckte es in seine Westentasche, worauf er uns einließ und wieder in die entfernte Saalecke ging, um seinen Saal weiter auszufegen. Wir gingen nun von Bild zu Bild, und Menzel mit seiner unübertroffenen Gründlichkeit im Bilderbesehen ließ nichts unbeachtet. Von einigen Waldinterieurs mit großen, moosigen Steinen war er besonders begeistert. Diese Bilder waren ganz und gar mit dem Spachtel gemalt, und Menzel meinte im Verlaufe des Umganges: dem Courbet sollte man alle Pinsel wegnehmen, denn solange er mit dem Palettemesser male, sei er ausgezeichnet. Wenn er aber den Pinsel nehme, werde die Arbeit minderwertig.

Courbet war einer der vielseitigsten französischen Künstler. Mit Ausnahme von Historien, Heiligenbildern und Soldaten hat er wohl alles gemalt, was da kreucht und fleucht. Menzel meinte, daß auf jedem Bilde sich ein Stück finde, das ganz neu in der Anschauung und unübertrefflich gemacht sei. Daneben aber seien große Stellen von fürchterlicher Roheit und Gemeinheit. Inzwischen hatte Courbet bemerkt, daß wir zwei würdige Besucher seiner Ausstellung seien. Er näherte sich uns und knüpfte ein Gespräch an, aus dem hervorging, daß er als blagueur ebenso groß war, denn als Maler. Er begann nun selbst seine Werke anzupreisen. Er erzählte, daß er drei bis vier Marinebilder an einem Tage gemalt habe. Er mische einen großen Haufen Luftton, streiche denselben mit dem Palettemesser quer über das Bild, dann ebenso den Wasserton und wenn nötig vorn den Sand. Die Bewegung des Hinstreichens machte er uns, mit dem Daumen in der Luft gestikulierend, drastisch vor. Die Segel, die Möwen, die Wellenkanten, Schiffe usw. setze er dann mit dem Pinsel hinein. Die Wahrheit der Töne in diesen Marinebildern hatte allerdings etwas Frappierendes und Frisches. In der Mitte des Saales stand eine Skulptur, ein ganz vortrefflicher nackter, angelnder Knabe. Als Menzel sich anschickte, auch dies Werk zu bewundern, sagte Courbet, daß er an diesem Werk nur drei Tage gearbeitet habe. Das sei keine Kunst. »Cela m'a dégoûté la sculpture.« (21)

Bei Meissonier in Poissy

Nach dem Essen wird der Garten gezeigt. Wenn schon das Haus recht eigenartig war, so ist es dieser Garten noch viel mehr. Einige Frauen und Männer, in Trachten und Uniformen, schreiten zwischen den Bäumen umher. Menzel, der das von der Terrasse beobachtet, glaubt zuerst an eine Ovation, muß sich dann aber von dem Kollegen belehren lassen – der sich über seine eigenen Marotten diebisch freut – , daß diese Leute ununterbrochen so lustwandeln müssen: »Sehen Sie! Um ungewollte, ungezwungene Stellungen beobachten und auf die Leinwand bringen zu können, muß ich meine Modelle stets zur Verfügung haben, auch die Gelegenheit besitzen, sie zu beobachten, erst so bekomme ich neue Anregungen. Da ich klein bin und oft – besonders mit den Soldaten nicht Schritt halten kann, so habe ich mir eine kleine Eisenbahn bauen lassen, von der aus ich auch die Pferde begleiten und im Lauf verfolgen kann.«

Mit einer Handbewegung ladet er Menzel ein, ihm zu folgen. In einer Ecke des rückwärtigen Gartens steht der »Lokomotivschuppen« und der »Bahnhof«: »Hier kann ich gerade noch aufrecht hineingehen und mich zurückziehen, oft arbeite ich auch hier.« Menzel geht ihm sogleich nach – und ist von dieser Einrichtung äußerst befriedigt. Nur eine Kleckserei an der Wand ärgert ihn, es stellt ein Schild dar, auf dem nur die beiden Worte »Aux Gnomes« gemalt sind. Meissonier tröstet ihn: »Eine Frechheit von Ricard, der das kniend angeschmiert hat; anders kann er nämlich nicht herein.« Dann geht es zum »Kohlenbunker« und von dort zur »Drehscheibe«, dann zu dem Stolz Meissoniers: der englischen »Lokomotive«. Diese Liliputmaschine steht schon unter Dampf; der Gärtner versucht, die Hebel und Griffe zu erklären, aber Menzel ist ungeduldig: »Wollen wir doch fahren!« Die beiden Kleinen setzten sich nebeneinander in den Wagen, weit zurückgelehnt, Meissonier in seinem Ornat sichtlich stolz, als das englische Ungeheuer einen schrillen Pfiff ausstößt und sich in Bewegung setzt. Zwischen Obstbäumen und Beeten liegt die »Strecke«. Meissonier erklärt alles, was rechts und links liegt, wie wenn es sich um eine Weltreise handeln würde. An der »Brücke« hält der Zug, hier steht »Mac« [der schottische Windhund Meissoniers] auf den Schienen und will die Weiterfahrt hindern. Mit einigen Kohlestückchen verjagt ihn der Gärtner; dann geht es über die Schlucht und den »Strom«, einen ausgetrockneten Bach, am Haus vorbei.

Hier muß Menzel zu seinem Ärger zwischen den Bäumen eine helle Stelle entdecken, die nichts mit Streckensicherung zu tun hat. Es ist die Glatze des langen Ricard, der, salopp an einen Stamm gelehnt, gerade dabei ist, die Liliputlokomotive mit den beiden »Gnomen« zu zeichnen. Sofort steigt Menzel aus, solidarisch auch Meissonier, der sich neben ihn stellt, um gemeinsam Ricard mit einem Blick der Verachtung zu strafen. Dann sagt Menzel so, als ob es keine »Eisenbahn« von Poissy gäbe: »Wir sprachen erst von Delacroix, nicht wahr? Er hat ganz recht: Nicht das Wissen zum Wissen spricht in der Malerei, sondern der Geist zum Geist, sofern« – und dies mit einer Wendung zu Ricard – »man überhaupt Geist besitzt!« (16)

Gegenrede über die Fotografie

Als ihm zu seinem achtzigsten Geburtstage bei der Feier im Uhrsaal der Akademie unter vielen Adressen auch eine vom Vorsitzenden der Berliner Fotografischen Vereinigung überreicht wurde und der Sprecher, Herr Professor Vogel, mit beredten Worten schilderte, wie Fotografie und Malerei jetzt vereint gingen und daß die Fotografie eine außerordentliche Stütze und Hilfe für die schönen Künste sei, verwahrte sich der Jubilar in seiner Gegenrede sehr energisch dagegen und machte den armen Professor ganz kleinlaut, indem er explizierte, daß zu viele Künstler heute sich dieser Eselsbrücke bedienten und darüber das Studium des selbständigen

Zeichnens vernachlässigten. Er erzählte dann, daß er nur einmal in seinem Leben sich der Fotografie bedient hätte, weil er zwei der Herren, die im Hintergrunde der Kirche auf dem Krönungsbilde zu porträtieren waren, nicht nach dem Leben habe zeichnen können. Der eine von ihnen sei später gestorben und habe sich seiner Kontrolle über die Ähnlichkeit entzogen. Den andern aber habe er nach Vollendung des Bildes persönlich angetroffen und sei ganz schamrot geworden über sein Machwerk. Nachträglich habe er noch eine Sitzung erlangt und den Kopf auf dem längst vollendeten Bilde nochmals übermalt. (21)

Ein Fotograf im Atelier

Als einmal ein Fotograf kam, um eine Aufnahme des Ateliers zu fertigen, sagte er diesem: »Was wollen Sie denn hier fotografieren? Es sieht doch so aus, als wenn der Exekutor alles weggenommen hätte.« Als nun der Fotograf auf eine interessante und malerisch unordentliche andere Ecke des Ateliers hinwies, sagte der Meister: »Nein, diese lasse ich nicht fotografieren, denn ich habe noch ein Blatt vor: der Tod, der mein Atelier ausfegt, und wenn ich alles dies da fotografiert sehe, ist mir die Lust zu meiner Arbeit vergangen.« (21)

Ablenkungen im Theater

Menzel besuchte nicht oft, aber sehr gern das Theater. Natürlich kam er immer zu spät und hat den Komtur in »Don Juan« nie lebend kennengelernt. Jedoch blieb er der modernen Theaterliteratur gegenüber fremd und ging nur in klassische Stücke, welche ihm schon bekannt waren. Wenn ich versuchte, ihn zu einem neuen Stück, etwa von Gerhart Hauptmann, zu überreden, so meinte er: »Ich kann der Sache gar nicht folgen, ich beobachte immer, was die Leute anhaben, wie sie beleuchtet sind und was für Gruppen sich bilden. Und darüber geht mir das Stück verloren.« (21)

Liebe als retardierendes Element

Im Berliner Theater, unter der Direktion Ludwig Barnays, wurden die »Piccolomini« gegeben. Barnay liebte es, stets bedeutende Leute in die Logen seines Theaters einzuladen, und so saß auch unser Menzel öfter in einer der seitlichen Parkettlogen, obgleich er diese nicht liebte, weil ihm der volle Blick durch Nebenmenschen und Damenhüte gestört wurde.

Ich saß hinter ihm, und die Vorstellung nahm einen etwas lahmen Verlauf. Da drehte er sich in einer Pause zu mir um und sagte: »Wenn dieses Stück seinem Ende zustrebt und alles Unglück auf den Wallenstein hereinbricht, dann kommt immer dieser Max mit seinen albernen Privatangelegenheiten und Amouren und hält das Stück unnütz um eine Stunde auf.« (21)

Der Handkuß

Als Eleonore Duse in Berlin war, hatte sie viel von dem großen Meister gehört, und die temperamentvolle Frau wollte durchaus seine Bekanntschaft machen, obgleich er, der nie Zeitungen las, wohl kaum etwas von ihr wußte. Ein liebenswürdiger Kollege vermittelte ein Rendezvous und erstieg zur verabredeten Stunde mit der Künstlerin die vier Treppen zum Atelier. Der Neffe des Meisters, Professor Otto Krigar-Menzel, hatte sich im Atelier zu schaffen gemacht, um die berühmte Dame in der Nähe zu sehen. Diese kam, der Freund verdolmetschte die Unterhaltung, Exzellenz holte unzählige Mappen hervor, und die Duse schwelgte in Begeisterung – – so sehr, daß sie beim Abschied die Hand des Meisters dankbar gerührt ergriff und küßte. Nachdem sie hinaus war und der Neffe beim Ordnen der Mappen half, sagte der Onkel nach einigem Bedenken: »Du, Otto, ich glaube, eigentlich hätte wohl ich der Dame die Hand küssen müssen.« (21)

Über das Aussehen eines Schurken

Eines schönen Nachmittags trafen in meinem Garten Menzel und der Hofschauspieler Kahle zusammen. Kahle klagte ersterem, daß er jetzt so dick würde und keine Bösewichterrollen mehr geben könnte. Menzel aber bedeutete ihm, daß seine Ansicht eine ganz irrige sei. Als dickleibiger Bösewicht könne er etwas ganz Neues, nie Dagewesenes schaffen. Warum sollen denn die Missetäter immer mager und knochig aussehen? Sie können ja auch bei ihren Schandtaten fett geworden sein. Man brauche nicht gleich auf der Bühne je nach der Körperbeschaffenheit auf den Charakter zu urteilen. Kahle möge nur getrost dicke gemütliche Schufte darstellen. (21)

Mozartverehrung

Meine erste Erinnerung an Menzel: Ich sehe uns alle in dem trüben Berliner Zimmer seiner Wohnung: sein Schwager, Musikdirektor Krigar, am Flügel, um ihn und den aufgeschlagenen »Don Juan« von Mozart mein Vater, Frau Krigar, mein Schwager und (meine) Schwester Hertel dichtgedrängt um die Partitur, aus der mit spontaner Verteilung der Rollen begeistert gesungen wurde – zur Wonne der Akteure und der Zuhörer. Ich sehe Menzel in freudigem Behagen nach dem Takte der herzerquickenden Musik sich mit dem Oberkörper wiegen. Das war ein Musizieren nach seinem Herzen, »ohne alles Brimborium, ohne alle Feierlichkeit«. Die allerschönsten Stellen wurden unter dem Vorwande des Irrtums wiederholt, vor keiner Höhe, keiner Stimmlage zurückschreckend, ganz der Wonne der göttlichen Mozartschen Melodien hingegeben! Eine Freude, bei diesem stundenlangen Musizieren Menzels helle Freude zu beobachten. »Don Juan« beherrschte den ganzen Abend, die Heiterkeit stieg, Menzel zitierte bei Tisch, den Kalbsbraten anpreisend: »Dieses Stückchen vom Fasanen«, singend antwortete mein Vater: »Ihr Herr Koch sucht seinesgleichen, seinesgleichen!« – »Ja«, dozierte Menzel eifrig, »und nicht nur vom kulinarischen, auch vom linearen Standpunkt aus sucht der Mozart seinesgleichen ... So die Linienführung eines Themas, wie der Gedanke darunter und darüber geht, verschwindet und da, wo man ihn kaum erwartet, da ist er plötzlich da, und zu aller Erquickung da«! (11)

Über das Geniale

Er war ein leidenschaftlicher Verehrer Mozarts. Als ich ihm bei seinem letzten Besuch bei uns mitteilte, daß ich zwei vierhändig geschriebene Sonaten aus Mozarts letzter Zeit gefunden, die ihm für eine Spieldose bestellt waren, die ich aber in Größe und Stil weit über seine sonstigen Klaviersachen hinausgehend fände, und meine Verwunderung darüber ausdrückte, daß dieses Genie für einen so geringen Zweck sein Allerbestes gegeben, erwiderte Menzel: »Das ist eben das wahre Genie, das rückhaltlos zu jeder Zeit sein Bestes gibt. Es ist ein reichlich sprudelnder Quell, dem es ganz egal ist, ob Sie ihm ein Prachtgefäß oder einen Stalleimer unterhalten, es quillt eben fortwährend, reich und arm gleich reichlich fließen – es kann eben nicht anders!« (12)

In Brahms' Arbeitszimmer

Als er Brahms besuchen wollte, war dieser nicht zu Hause, und auf Menzels Bitte, das Zimmer zu besehen, in dem der Künstler arbeitete, wollte die alte Wirtschafterin zuerst nicht eingehen. Als sie aber dann doch erkannte, daß sie es mit einem rechtschaffenen Mann zu tun hatte, gewährte sie ihm einen Einblick in das Arbeitszimmer. Er schaute sich lange um und schrieb auf ein Stück Papier: »Ich wollte nur einmal in Ihrem Dunstkreis geatmet haben. Menzel.« (21)

Knappe Einweisung

Als Helmholtz Vizekanzler des Pour le mérite geworden war, begab er sich zu Menzel, dem Kanzler dieses hohen Ordens, und fragte ihn, welche Obliegenheiten ihm in dieser Stellung zukämen. Menzel antwortete kurz: »Sie haben nur zu warten, bis ich tot bin, und dann sind Sie Kanzler.« (21)

Dialog mit Mommsen

Zur Zeit der drohenden Lex Heinze, als der Goethebund eine Versammlung der Notabeln in die Räume des Presseklubs berief, befanden sich unter den Kämpfern gegen das Gesetz auch Menzel und Mommsen. Menzel, der den Fahrstuhl zu dem vier Treppen hoch gelegenen Klub nicht benutzt hatte, setzte sich neben seinen Freund, den großen Historiker, und sagte: »Wissen Sie, ich habe zu meinem Atelier doch gewiß ein gehöriges Ende, aber so 'ne Kletterei ist mir noch nicht vorgekommen.« – »Ach was«, meinte Mommsen mit entsprechender Handbewegung, »haben Sie sich nicht so, wir beide werden bald wohl noch viel höher steigen müssen.« – »Wissen Sie, lieber Mommsen«, entgegnete schlagfertig Menzel, »da lasse ich Ihnen den Vortritt!«

Und Menzel hat Wort gehalten. (21)

Biographische Daten

1815

Am 8. Dezember wird Adolph Menzel als Sohn des »Schul-Instituts-Direktors« Carl Erdmann Menzel und dessen Frau Charlotte Emilie geb. Okrusch in Breslau geboren.

1830

Die Familie übersiedelt nach Berlin.

1832

Tod des Vaters. Menzel muß für den Unterhalt der Familie sorgen.

1848

Er malt die »Aufbahrung der Märzgefallenen«.

1849

Er beginnt die Gemäldefolge zum Leben und Wirken Friedrichs II.

1853

Menzel wird Mitglied der Königlichen Akademie der Künste in Berlin.

1855

Er reist im September für zwei Wochen zur Weltausstellung nach Paris.

1856

Menzel wird zum Professor ernannt.

1861

Er beginnt die Arbeit an dem Bild »Krönung Wilhelms I. zu Königsberg« (1865 vollendet).

1867

Er besucht während seines vierwöchigen Paris-Aufenthaltes die Weltausstellung und den Ausstellungspavillon Courbets.

1870

Menzel wird Mitglied des Ordens Pour le mérite.

1875

Er vollendet das »Eisenwalzwerk«.

1885

Menzel wird Kanzler der Friedensklasse des Ordens Pour le mérite, Ehrendoktor der Universität Breslau sowie Ehrenbürger seiner Geburtsstadt.

1895

Er wird Wirklicher Geheimer Rat mit dem Prädikat Exzellenz, Ehrenbürger Berlins und Mitglied der Akademien von Paris und London.

1898

Er wird Ritter des Schwarzen Adlerordens und in den Adelsstand erhoben.

1905

Am 9. Februar stirbt Menzel in Berlin. Er wird auf dem Dreifaltigkeitsfriedhof beigesetzt. In der Nationalgalerie wird die Gedenkausstellung gezeigt.

»Im übrigen, diese elenden Anekdoten! Es wimmelt jetzt wieder davon in den stoffhungrigen, am kleinlichen Kribskrabs haftenden Zeitungen. Es ist unmöglich, sich dagegen zu verwahren, als ob es sich jedesmal um eine Haupt- und Staatsaktion handelte«[1], meinte der alte Menzel in einem Gespräch mit dem Berliner Schriftsteller Ottomar Beta. Schon zu Lebzeiten umrahmten und umrankten diesen neben Albrecht Dürer (1471-1528) bedeutendsten deutschen Maler, Graphiker und Zeichner eine Fülle von Legenden und Geschichten, und nach seinem Tod ergoß sich eine wahre Flut von Menzel-Anekdoten über den Wald von Zeitungen und Zeitschriften. Sie enthalten Verbürgtes und Unverbürgtes, Wahrheiten und Teilwahrheiten, mehr oder weniger durch die Übermittler subjektiv eingefärbt. Die meisten Anekdoten beziehen sich auf den alten, mit Ehrungen überschütteten Künstler, dem der Ruhm die Einsamkeit nicht nehmen konnte. Insbesondere seine Zeichenwut, seine Knurrigkeit und Schlagfertigkeit im Gespräch, sein Selbstbewußtsein und sein Stolz sowie seine auffallende äußere Erscheinung bildeten den Nährboden, auf dem sie üppig gediehen. Überliefert wurden sie vor allem von Malern und Graphikern, des weiteren von Schriftstellern und Journalisten und schließlich auch von Verwandten und Bekannten. Mit unterschiedlichem Erzähltalent hielten sie viele Aperçus und Bonmots, groteske Situationen und denkwürdige Verhaltensweisen fest.

Diese Anekdoten ergötzen und stimmen auch nachdenklich, sie charakterisieren den Künstler wie den Menschen Menzel in unterhaltender Weise. Und sie bringen diesen Großen der Kunstgeschichte näher, da sie helle Schlaglichter auf seine Individualität werfen und sie somit lebensvoll aus dem Schatten der Vergangenheit heraustreten lassen.
Die meiste Zeit seines Lebens, nahezu 75 Jahre, verbrachte Menzel in Berlin. Geboren wurde er aber in Breslau, und zwar 1815, in dem Jahr also, in dem auch der Staatsmann Otto von Bismarck (1815-1898) und der Dichter Emanuel Geibel (1815-1884) ihren Lebensweg begannen. Sein Vater, Carl Erdmann Menzel (1787-1832), war Sohn des Wassermüllers zu Städtel bei Namslau und seine Mutter, Charlotte Emilie Menzel, geborene Okrusch, die Tochter des am Breslauer Elisabethanischen Gymnasium tätigen Zeichenlehrers. Bis 1818 war der Vater Vorsteher einer Mädchenschule in Breslau, dann kaufte er eine Steindruckerei, mit der er sich und die Familie nur mühselig über Wasser halten konnte. Adolph Menzel, der 1829 die Volksschule beendet hatte, arbeitete in dieser Werkstatt mit. Jedoch schon im Frühjahr 1830 übersiedelte die Familie nach Berlin, da der Vater sich dort bessere Verdienstmöglichkeiten erhoffte. Sie wohnten zunächst in der Wilhelmstraße 39, wo in einem Zimmer wieder eine bescheidene Lithographenwerkstatt eingerichtet wurde. Doch sehr bald kam das Unglück über Menzels: Am 5. Januar 1832 verstarb der kaum 45jährige Vater.

Adolph Menzel führte als 16jähriger die Werkstatt weiter und sorgte so für den Broterwerb der Familie, die aus ihm, den beiden jüngeren Geschwistern und der Mutter bestand. Mit großer Willensstärke und immensem Fleiß wurde er der schwierigen Lage Herr. In erster Linie nahmen ihn gebrauchsgraphische Arbeiten in Anspruch, so die Anfertigung von Einladungs-, Tisch- und Festkarten, Briefköpfen, Glückwunschblättern etc. Hartnäckig und verbissen bemühte er sich darüber hinaus um seine künstlerische Fortbildung. 1833 besuchte er die Gipsklasse der Berliner Akademie. Jedoch schon nach wenigen Monaten brach er das Studium ab; denn zum einen konnte er sich nicht mit der dort bestehenden Atmosphäre und Ausbildungsmethode anfreunden, und zum andern fehlte ihm die Zeit zur Ausführung notwendiger Brotarbeit. Viele Jahre bestritt er den Lebensunterhalt der Familie. Im Laufe der Zeit verengte sich dieser Kreis: Am 8. Oktober 1846 starb die Mutter, zwei Jahrzehnte später, am 14. Juli 1865, verlor er den Bruder Richard (1826-1865), der zunächst die Laufbahn eines Landwirts eingeschlagen, sich jedoch zuletzt der Kunstfotografie verschrieben hatte. Nur die Schwester Emilie (1823-1907) begleitete ihn bis ans Lebensende. Mit ihr teilte er übrigens auch den Haushalt, als sie von 1859 bis 1880 mit dem Königlichen Musikdirektor, Komponisten und Musikkritiker Hermann Krigar (1819-1880) verheiratet war. Den Schwager mochte Menzel sehr gut leiden, war er doch »ein ungewöhnlich geistreicher Kopf von glänzendem Humor, scharfem, treffendem Witz« (Ludwig Pietsch).[2] Zudem verstand er eine Menge von bildender Kunst, denn er war für einige Jahre Schüler des Berliner Malers Wilhelm Wach (1787-1845) gewesen. Menzels ausgeprägter Familiensinn erstreckte sich natürlich auch auf die Nichte Margarethe (Grete) Krigar (1860-1945) und den Neffen Otto Krigar (1861-1929), für die er das sogenannte »Kinderalbum« malte und die er mit noch vielen anderen Aufmerksamkeiten bedachte. Für einige Jahre verband ihn auch eine gute Freundschaft mit der Schwägerin Elisabeth (Elise) Menzel, geborene Preuß (gest. 1906), die auf Grund des frühen Todes von Richard Menzel nur eine kaum achtmonatige Ehe geführt hatte.

Menzel umgab sich mit einem verhältnismäßig kleinen Freundeskreis. Seit den 30er Jahren des 19. Jahrhunderts bestanden enge Bande zu dem Regimentsarzt und Vorstandsmitglied des Potsdamer Kunstvereins, Dr. Wilhelm Puhlmann (1797-1882), und dem Archäologen Dr. Gustav Adolf Schöll (1805 bis 1882) und seit Beginn der 60er Jahre zu dem Publizisten und Zeichner Ludwig Pietsch (1824 bis 1911). Langjährigen freundschaftlichen Kontakt besaß er seit den 30er Jahren zu dem Tapetenfabrikanten und Maler Carl Heinrich Arnold (1793-1874), dessen Sohn Carl Johann Arnold (1829-1916) 1846 für mehrere Monate Menzels Schüler war und auch in der Folgezeit unter seiner Anleitung arbeitete. Natürlich hatte Menzel unter den Berliner Künstlern

etliche Freunde: Von den älteren Malern sind da besonders Eduard Magnus (1799-1872) und Eduard Meyerheim (1808-1879) und von den jüngeren Paul Meyerheim (1842-1915) und Fritz Werner (1827 bis 1908) zu nennen. Gute Beziehungen hatte er auch zu dem Hofmaler Franz Krüger (1797-1857) und dem Bildhauer Reinhold Begas (1831-1911).
Letztgenannter meinte anläßlich des Todes von Menzel: »Eines der größten Originale aller Zeiten; ein Granitblock im Strom seiner Zeit, stand er beinahe ein Jahrhundert lang, ohne sich von den unzähligen Richtungen in der Kunst beeinflussen zu lassen.«[3]
Seine Geistesschärfe und Beobachtungsgabe, seine Gestaltungskraft und handwerkliche Perfektion haben Menzel Werke von internationaler Bedeutung und bleibendem Wert schaffen lassen. Seine unvoreingenommene Sicht auf viele Prozesse und Erscheinungen seiner Zeit ließ ihn auch in Bereiche vorstoßen, die vordem in der deutschen Kunst keine oder nur eine sehr geringe Rolle gespielt hatten. Mit dem »Eisenwalzwerk« (1872-1875) schuf er die bedeutendste Darstellung von Industriearbeitern während der Produktion, mit der »Aufbahrung der Märzgefallenen« (1848) das wichtigste Bild zur 48er Revolution in Deutschland und mit dem »Balkonzimmer« (1845) und dem »Théâtre du Gymnase« (1856) protoimpressionistische Werke von europäischem Rang. Seine Gemälde zum Wirken und Leben Friedrichs II., die hervorstechendsten Leistungen im 19. Jahrhundert im Bereich deutscher realistischer

Geschichtsdarstellungen, vergegenwärtigten und verklärten diese Persönlichkeit des aufgeklärten Absolutismus im Sinne liberaler Auffassungen. Mit vielen Bildern prägte er ganz erheblich die Vorstellungen seiner Zeit über die friderizianische Geschichte und Kultur, und mit vielen Darstellungen entwarf er ein komplexes Bild großstädtischen Lebens, das in der damaligen deutschen Kunst ohnegleichen ist. Und ebenso war er als Illustrator in Deutschland unübertroffen. Seine 400 Holzstiche für Franz Kuglers »Geschichte Friedrichs des Großen« (Leipzig 1840) sind das beste, was die Buchkunst des 19. Jahrhunderts im deutschsprachigen Raum hervorgebracht hat.

Menzel war im wesentlichen Autodidakt. Dem Münchner Kunstschriftsteller Friedrich Pecht schrieb er 1878: »Späterhin wurde mir denn freilich dieses mein sogenanntes ›Wildgewachsensein‹ noch für ein großes Glück angerechnet. Ich teile diese Ansicht nicht, ich weiß am besten, was das mich gekostet.«[4] Menzel setzte sich nicht nur mit der Realität, sondern mit ebenso wachem Sinn auch mit älterer und zeitgenössischer Kunst auseinander. Da er in seinen Bildern nach Wahrheit und nicht nach Überhöhung der Wirklichkeit oder äußerer Schönheit strebte, was ihm übrigens wie so manchem anderen Realisten seiner Zeit den Ruf eines Malers und Zeichners des Häßlichen eintrug, suchte er sich gewisse Orientierungen in bürgerlich-realistischen Werken. Von den Künstlern voraufgegangener Jahrhunderte schätzte er besonders Dürer, Rembrandt (1606-1669) und Daniel Chodowiecki (1726-1801). Letztgenanntem brachte er besonders große Verehrung entgegen. In einem Brief schrieb er über ihn: »Ich bin keines Lebenden, aber sein Schüler.«[5] 1859 malte er von diesem Künstler bekenntnishaft ein lebensgroßes Porträt und gab es in das Versammlungslokal des »Vereins Berliner Künstler«. In seinen ersten Berliner Jahren hatte sich Menzel auch mit der damals sehr populären Grafik von Franz Burchard Dörbeck (1799-1835), Adolf Schroedter (1805-1875) und Theodor Hosemann (1807-1875) auseinandergesetzt, was sich vor allem auf einige gebrauchsgrafische Arbeiten und Illustrationen auswirkte. Daneben befaßte er sich mit Auffassungen von Künstlern der Düsseldorfer Schule, deren Werke ihn aber letztlich nicht befriedigen konnten, da sie ihm noch zu viele idealisierende und romantisierende Tendenzen enthielten. Von ausländischen Künstlern des 19. Jahrhunderts erweckten besonders der Engländer John Constable (1776 bis 1837), der Belgier Louis Gallait (1810-1887) und die Franzosen Ernest Meissonier (1815-1891), Charles-François Daubigny (1817-1878), Théodore Rousseau (1812-1867), Gustave Courbet (1819-1877) und Edouard Manet (1832-1883) sein Interesse. 1839 sah er in Berlin, und zwar im Hotel de Russie am Pariser Platz, eine Constable-Ausstellung. Werke der Franzosen begegneten ihm gleichfalls in Berliner Ausstellungen, vor allem in denen, die der Kunstverleger und -händler Louis Sachse veranstaltete, und dann während seiner drei Parisaufenthalte. Das Schaffen des großen französischen Realisten Courbet beurteilte er differenziert. Einige Arbeiten erschienen ihm zu eilfertig ausgeführt, andere aber ausgezeichnet. So schrieb er 1869 dem in Paris weilenden Berliner Maler und Graphiker Fritz Werner: »Warst Du noch nicht bei Courbet? Anno 67 waren bei ihm außer vielem Verrückten und Schlechten auch einige Sachen vom allerersten Wasser.«[6] Im selben Brief war Menzel des Lobes voll über die Kunst Meissoniers, deren Naturwahrheit und handwerkliche Perfektion er sehr schätzte. »Wer hat sich zu solcher Wirklichkeit der Erscheinung verstiegen? Nicht die neue, nicht die alte Kunst, (...)«, heißt es in dem Schreiben.[7] Menzel und Meissonier kannten sich persönlich und hegten Hochachtung füreinander. Sie gehörten einem Jahrgang an und waren beide klein von Gestalt. Sie schwelgten gleichermaßen in der Welt des Rokokos, und jeder von ihnen schuf ein Gemälde zur 48er Revolution. Beide waren sie auf historische Treue aus, und beide betrieben sie fanatisch Naturstudien. Menzel beurteilte zeitgenössische Kunst natürlich von seiner realistischen Position aus. So lehnte er, wie bereits angedeutet, vor allem idealisierende Kunst ab, besonders die der Nazarener. Der österreichische Maler Heinrich von Angeli (1840-1925) weiß zu berichten: »Gehaßt hat er wirklich nur eines, und das war die künstlerische Richtung der ›Nazarener‹. Wenn auf Cornelius, Schnorr von Carolsfeld und deren Schule die Rede kam, dann fuhr Menzel, wie von der Tarantel gestochen, empor und geriet in förmliche Wut.«[8] Ebensowenig konnte er den Arbeiten der »klassizistischen Spätromantiker« (Max Deri) Arnold Böcklin (1827-1901), Anselm Feuerbach (1829 bis 1880) und Hans von Marées (1837-1887) abgewinnen. Generell waren ihm sentimentale Züge und routiniertes Pathos in Bildern genauso zuwider wie jede unglaubwürdige Schilderung von Sachverhalten und unrichtige Milieuangaben bei Historiendarstellungen. Da Menzel in vielen Gemälden zu großem Detailreichtum neigte, besaß er Vorurteile gegenüber Arbeiten, in denen größere Flächen erschienen, auf denen wenig passierte. Die Impressionisten waren nach seiner Auffassung zu oberflächlich. Und so nimmt es auch nicht wunder, daß er etliche seiner protoimpressionistischen Arbeiten der 40er und 50er Jahre nur als Skizzen und unvollendete Bilder betrachtete. In diesem Zusammenhang ist gleichfalls seine Meinung über die Kunst des Berliner Malers und Graphikers Max Liebermann (1847 bis 1935) zu sehen. Menzel schätzte dessen Werke der naturalistischen Phase sehr, fand jedoch kaum Zugang zu den seit den 90er Jahren geschaffenen Bildern, die ein deutliches Einlenken auf den Impressionismus aufweisen.

Mit erstaunlicher Willenskraft und ungeheurem Fleiß brachte Menzel seine große Begabung zur Reife. Nicht von ungefähr schrieb Theodor Fontane auf eine Menzelfotografie die Worte: »Gaben, wer hätte sie nicht? Talente – Spielzeug für Kinder. Erst der Ernst macht den Mann, erst der Fleiß das Genie.«[9]

In besonderem Maße kündet sein gigantisch anmutendes gezeichnetes Œuvre von seinem grenzenlosen Fleiß, von einer Arbeitswut und einem Augenhunger ohnegleichen. Er vertrat die Auffassung: »Alles *Zeichnen* ist gut, alles Zeichnen noch besser.«[10] Und in der Tat, ob beim Hofball oder beim Begräbnis, auf der Straße oder im fahrenden Zug, er nutzte jede sich bietende Gelegenheit, alles auf das Papier zu bringen, was sein Interesse weckte. Ludwig Pietsch erzählt: »Ich habe ihn einmal auf einer gemeinsamen Fahrt mit ihm und den Seinen nach Hof in demselben Wagenabteil in dieser Hinsicht das Unmögliche leisten, in dem stoßenden, ratternden Wagen mit festen, sicheren Strichen das eingeschlafene Kinderpaar, seinen Neffen und seine Nichte, abzeichnen gesehen. Wer dürfte sich rühmen, solches Zeichnen in voller Eisenbahnfahrt nachmachen zu können.«[11] Menzel war darauf eingerichtet, stets etwas skizzieren zu können. Paul Meyerheim schildert seine Ausrüstung zum Zeichnen folgendermaßen: »In seinem Paletot hatte er acht Taschen, die teilweise mit Skizzenbüchern gefüllt waren, und er konnte es nicht begreifen, daß es Künstler gebe, die den kleinsten Ausgang machen, ohne ein Zeichenbuch in der Tasche zu haben. In seinen Röcken war auf der linken Seite unten eine besonders große Tasche angebracht, in der ein Lederetui gerade Platz hatte, das ein Blockbuch, ein paar Estampen und ein Radiergummi barg.«[12] Sein Wahlspruch war: Keinen Tag ohne Zeichnung. Menzel zeichnete, um sich zu üben und einen Vorrat für schon in Arbeit befindliche, geplante oder etwaige Gemälde oder Deckfarbenbilder zu schaffen. Ein anderer Beweggrund war für ihn, eine Situation oder ein Bau- oder ein Kunstwerk für die Nachwelt festzuhalten. Für den Kunstmarkt zeichnete er so gut wie nichts. Er äußerte selbst: »Zeichnungen nämlich behufs Verkaufens mache ich gar nicht; in der Regel nur als Naturstudium gleich bestimmtem Bilde oder als Gelegenheitssache für eventuell.«[13]

Im Laufe seiner langen Schaffenszeit veränderte sich die Struktur der Auftraggeber und Käufer seiner Werke. Waren es im Vormärz fast ausschließlich bürgerliche Auftraggeber, für die er arbeitete, und zwar in erster Linie Verleger, Kunsthändler und Besitzer lithographischer Werkstätten, Geschäftsleute und Kunstvereine, so erhielt er in den Jahren zwischen 48er Revolution und Reichsgründung die einträglichsten Angebote vom Hofe. Nach 1871 nahm die Zahl der im Auftrag entstandenen Bilder rapid ab. Er hatte es jetzt auch gar nicht mehr nötig, solcherart Arbeit zu übernehmen. Seine Werke kauften nun vor allem Bankiers.

Die umfangreichste Arbeit, die Menzel für den Hof schuf, war das »Krönungsbild« (1861-1865), das ihn vier Jahre beanspruchte. Unstreitig war die Krönung Wilhelms I. am 18. Oktober 1861 in Königsberg eine reaktionäre Demonstration der Macht der Hohenzol-

lern und ihrer Abneigung gegen die preußische Verfassung. Dennoch bewertete Menzel in seinem Bild das Gesehene von bürgerlich-liberaler Position aus. Er nutzte den zur Verfügung stehenden Handlungs- und Gestaltungsspielraum, um seine liberale Gesinnung wie seine Hoffnungen auf eine Einigung Deutschlands anzudeuten, und machte in dem Gemälde seine Sympathien für liberale Minister des Kabinetts der »Neuen Ära« kenntlich und zugleich auch sein Unbehagen gegenüber absolutistischen Tendenzen und unzeitgemäßen restaurativen Forderungen. Dabei erzielte er eine originelle Bildhaftigkeit und Form. Ungewöhnlich ist an dem Gemälde nicht nur die hohe Zahl von 132 Porträts, sondern ebenso der Verzicht auf Homogenität und Beschönigung. Hervorzuheben sind gleichfalls die Wiedergabe einer Vielzahl fein differenzierter Verhaltensweisen (bis hin zum Unbeteiligtsein!) und der Verzicht auf die devote und monumentalisierende Untersicht. Innerhalb des Zeremonienbildes hat kein deutscher Künstler seiner Zeit Gleichrangiges oder Besseres geleistet.
Seit seiner Arbeit am »Krönungsbild« war Menzel Gast bei Hofbällen. Mit Sarkasmus hielt er dort so manches Augenerlebnis fest, und zwar ohne Auftrag des Hofes. Hofmaler im engeren Sinne ist Menzel im übrigen nie gewesen. Als es darum ging, die preußisch-deutschen Einigungskriege zu glorifizieren, scherte er aus und überließ dieses Feld anderen, so Anton von Werner (1843-1915), Georg Bleibtreu

(1828-1892), Karl Steffeck (1818-1890) und Wilhelm Camphausen (1818-1885).

Menzels Ansehen am Hofe stieg im Laufe der Zeit. Friedrich Wilhelm IV. (1795-1861) ließ ihn als Illustrator gelten, aber als Maler mochte er ihn nicht sonderlich. Dem Monarchen mißfiel zum einen, daß in den Gemälden des Künstlers kaum Idealisierung und Beschönigung geboten wurden, und zum andern, daß die Bilder zum Leben Friedrichs II. ein vormärzlich gefärbtes Programm aufwiesen, indem sie dem reaktionären Friedrich Wilhelm IV. den gerechten und aufgeklärten »Volkskönig« entgegenhielten. Der Nachfolger, Wilhelm I. (1797-1888), seit 1871 deutscher Kaiser, schätzte Menzel auch als Maler, denn er liebte eine erscheinungstreue Kunst und hatte eine andere Sicht auf Friedrich II. als sein Vorgänger. Er förderte generell den Friedrich-Kult, um seine militärischen Pläne zu befestigen und um für ein Deutschland unter Preußens Führung zu agitieren. Menzels Friedrich-Bilder gerieten in ein neues Wirkungsfeld, und Wilhelm I. wie auch Wilhelm II. (1859-1941, er war bis 1918 deutscher Kaiser) versuchten Friedrich II. und Menzels Kunst zu vereinnahmen.

Menzel führte ein eigenartiges und eigenwilliges Leben. Obgleich er seit den 60er Jahren des 19. Jahrhunderts vermögend war und sich manchen Luxus hätte leisten können, waren seine Wohnräume und sein Atelier vergleichsweise bescheiden eingerichtet. Der Schriftsteller Julius Hasselblatt (Pseudonym Julius Norden) nannte Menzels Werkstatt in der Sigismundstraße 3, in der er von 1875 bis an sein Lebensende wirkte, das »vielleicht häßlichste Künstleratelier Berlins«[14]. Und er stellte fest: »Wie schmucklos, kahl, nüchtern ist dieses Atelier im Vergleich zu den prunkhaften, ebensosehr einem Museum wie einem Antiquariat oder kunstgewerblichen Laden gleichenden Arbeitsräumen so vieler anderer Künstler.«[15] Vielleicht dachte er da an die luxuriösen Atelierhäuser von Peter von Cornelius (1783-1867) und Anton von Werner in Berlin oder von Franz von Lenbach (1836-1904) in München und Hans Makart (1840 bis 1884) in Wien.

Menzel war eine auffällige Erscheinung. Er war schlank und nur 140 cm groß. Seine Gesamtgestalt wirkte unproportioniert. Auf dem zwergenhaften Körper saß ein übergroßer Kopf – »Pilz« wurde er deshalb in jungen Jahren genannt, häufig auch »Giftpilz«, wenn er sich des Verhöhnens wehrte. Frühzeitig lichtete sich sein Haar. Unter dem Kinn trug er einen Freesenbart, der rötlich schimmerte und sich im Laufe der Zeit schlohweiß färbte. Schon im frühen Mannesalter bedurften seine graublauen Augen einer Brille. Er sprach mit schlesischem Akzent und meist mit leiser Stimme. Seine abgewogenen Worte pflegte er mit heftigen Handbewegungen zu begleiten, die das Gesagte unterstreichen sollten. Insbesondere hatte er sich angewöhnt, mit dem Zeigefinger zu akzentuieren. Zu seinen Lebensgewohnheiten gehörte, sehr spät zu Bett zu gehen und verhältnismäßig lange zu schlafen. Im Alter wenigstens stand er des Sommers so gegen 10 Uhr und des Winters erst zwischen 11 und 12 Uhr auf. Nach der Morgentoilette begab er sich umgehend ins Atelier, wo er bis etwa 21 Uhr arbeitete. Tags nahm er meist nur einen kalten Imbiß ein, abends hingegen gönnte er sich in Frederichs Weinstube in der Potsdamer Straße eine warme Mahlzeit, die immer recht reichlich ausfiel und zu der er in der Regel einen Schoppen Weißwein trank. Nach dem Abendessen bei Frederich ging er häufig noch zu Josty, einer alten Konditorei am Potsdamer Platz, wo er dann zwei Tassen schwarzen Kaffees und zwei Gläschen Kognak zu sich nahm und dabei mit großem Vergnügen in illustrierten Zeitschriften blätterte.

Alkoholische Getränke schätzte er bis ans Lebensende. Für das Rauchen, Kartenspiel und Sporttreiben zeigte er hingegen kein Interesse, und Liebschaften kannte er nicht. Leidenschaftlich gern hörte er Musik und las er Bücher, und mit viel Lust und Liebe reiste er.

Menzel war ein Musikenthusiast und liebte besonders Kompositionen von Haydn, Mozart, Beethoven und Schubert. Seinem Freund Carl Heinrich Arnold schrieb er 1836: »... ich bin (...) zu der Überzeugung gekommen, daß Musik, wenn sie nicht vielleicht die erste Kunst, so doch unstreitig die am unmittelbarsten aufs Herz wirkende ist.«[16] Er ging regelmäßig in die Symphoniesoireen der Königlichen Kapelle und besuchte bis ins hohe Alter die Konzerte des Joachim-

Quartetts in der Singakademie. Wenngleich Menzel auch den ersten Wagner-Festspielen in Bayreuth beiwohnte und Wagner bei der Arbeit zeichnete, so fand er zu seinen Werken wie überhaupt zu denen zeitgenössischer Komponisten keinen rechten Zugang. Übrigens hatte er auch zur Dramatik seiner Zeit keine innere Beziehung.

Menzel war äußerst belesen und hatte sich eine Unmasse von Büchern angeschafft. Der Kunstschriftsteller Friedrich Eggers schrieb über ihn: »Vielseitig gebildet, erfreut er auch im literarischen Kreise durch Schärfe, Prägnanz und Originalität seines Urteils.«[17] Seit 1850 war er Mitglied der literarischen Gesellschaft »Tunnel über der Spree«, in der Schriftsteller, Journalisten, bildende Künstler und kunstinteressierte Offiziere vereinigt waren. Auch Theodor Fontane und Paul Heyse gehörten dieser Vereinigung an. Zu beiden behielt Menzel über Jahrzehnte hinweg persönlichen Kontakt.

Wie schon gesagt, unternahm Menzel viele Reisen. Eine Reihe von ihnen erfolgte im Rahmen von Aufträgen, so 1839 und 1840 nach Leipzig und Dresden im Zuge seiner Arbeiten an den Illustrationen zu Franz Kuglers »Geschichte Friedrichs des Großen«, 1847/48 nach Kassel zur Ausführung des Kartons »Einzug Heinrichs des Kindes, des späteren Landgrafen von Hessen, mit seiner Mutter in Marburg 1247«, 1855 zur Marienburg zur Schaffung der beiden Wandbilder mit den Hochmeistern Siegfried von Feuchtwangen und Ludger von Braunschweig und

1876 nach Holland zur Anfertigung von Milieustudien für die Illustrationen zu Kleists »Zerbrochenem Krug«. Im reifen und hohen Alter, als er über reichliche finanzielle Mittel verfügte und sich nicht mehr so oft dem Joch von Auftragswerken beugte, pflegte er regelmäßig zwischen Juli und September für mehrere Wochen zu verreisen. 1859 schrieb Menzel dem Freunde Gustav Adolf Schöll: »Mein bißchen spätes Reisen; ist's auch stets noch nur mehr ein Hier- und Dorthineinriechen, mehr Schwalbenflug als Kunstwanderung gewesen; unbeschadet der gepriesenen Innigkeit und Wonne der Jugendeindrücke, so glaube ich nach mir, der, an dem das alles erst später kommt, was die meisten schon als dumme Jungen erleben, der genießt aber auch intensiver. Und am Notizbuch bleibt auch noch ein und anderes hangen.«[18] Er war also kein Bildungstourist, der mit dem Baedeker in der Hand systematisch die Sehenswürdigkeiten aufsuchte, sondern vielmehr ein wacher Beobachter, der weitgehend spontan Eindrücke sammeln und skizzieren wollte. Dabei nahm er in erster Linie die Menschen um ihn sowie die gebaute Umwelt auf, wenig hingegen die reine Naturlandschaft. Das Meer oder die Gebirgsketten und Massive der Alpen interessierten ihn als Zeichner wenig. Orte, die ihm zusagten, suchte er häufig auf. 1852 führte ihn seine erste Reise nach Süddeutschland und Österreich, wohin er in der Folgezeit immer wieder fuhr. Besonders seit 1871 häuften sich seine Exkursionen in diese Regionen, die ihm vor allem auf Grund ihrer reichen Kunst des Barocks und Rokokos ans Herz gewachsen waren. Besonders gern hielt er sich in München und Salzburg auf. In München pflegte er im »Hotel Leinefelder« abzusteigen und häufiger Gast im »Bürgerbräu«, »Ratskeller« und »Hofbräuhaus« zu sein. In Salzburg wohnte er in dem Mozarts Geburtshaus gegenübergelegenen »Hotel zur Krone« und in den letzten Jahren im neben dem Dom befindlichen »Goldenen Schiff«, und oft suchte er in dieser Stadt den Peterskeller auf, ein zum Benediktinerstift St. Peter gehöriges Weinlokal. In den letzten Jahrzehnten begleitete er immer seine Schwester nach Kissingen, wo er jedoch keine Badekur in Anspruch nahm, sondern vielmehr das Verhalten der Kurgäste und die reizvolle Lage des Badeorts studierte. Freilich ließ es sich die Stadt nicht nehmen, ihn 1895 zum Ehrenbürger zu ernennen. Zehn Jahre zuvor war im übrigen schon Bismarck diese Ehre zuteil geworden. Zu den Orten, die Menzel häufiger aufsuchte, zählte auch Hofgastein im Gasteiner Tal. In den Jahren 1872 bis 1874 weilte er dort gemeinsam mit der Schwester, dem Schwager sowie dem Neffen und der Nichte immer für einige Wochen als Gast des Berliner Bankiers und Kunstsammlers Magnus Herrmann. 1879 reiste er nochmals dorthin, wo er wohl die beiden Gemälde »Prozession in Hofgastein« (1880) und »Schleiferei in der Schmiede zu Hofgastein« (1881) vorbereitete.[19]

Zumeist führten ihn seine Reisen in den deutschsprachigen Raum. Wahrscheinlich spielte dabei eine gewisse Rolle, daß er keiner Fremdsprache mächtig war. Dennoch besuchte er dreimal Paris (1855, 1867 und 1868), dreimal auch Verona (1881, 1882 und 1883), einmal Antwerpen (1861) und Amsterdam (1876).

Zu Freunden und Vertrauten verhielt sich Menzel beständig aufgeschlossen und hilfsbereit. Heinrich von Angeli, der reichliche drei Jahrzehnte lang Kontakt zu ihm hatte, meinte: »Die landläufige Schilderung von seiner Bärbeißigkeit muß ich aber richtigstellen, und eine ›olle Kratzbürste‹, wie Berlin ihn wenig respektvoll nannte, war er gewiß nicht.«[20] Ebenso betonte der Verleger Gustav Kirstein: »Aber jeder, der etwas Verständiges mit ihm zu tun hatte, wird auch bestätigen, daß er den Ruf der vollständigen Unzugänglichkeit, ja Grobheit, zu Unrecht besaß.«[21] Insbesondere im Alter wirkte Menzel auf viele unnahbar und rauhbeinig. Sein Freund Ludwig Pietsch erkannte, »daß jene bis zur Grobheit sich steigernde Rauheit, die er nach außen kehrte, doch nur eine Art Panzer war, in den er sich zum Schutz gegen auf ihn eindringendes Feindliche, Lästige und Widerwärtige hüllte«[22]. Bettelbriefe und Bittgesuche überfluteten und bedrängten ihn, als er berühmt geworden. Man bat um Geld, schriftliche Begutachtung von Zeichen- und Malutensilien oder um Beurteilung von Kinder- und Dilettantenarbeiten. Häufig wurde er auf der Straße, in Restaurants und anderswo mit solchen und ähnlichen Ansinnen gepeinigt. Er ärgerte sich über sie, da sie ihn von der Arbeit abhielten, und weil er das Gefühl hatte, ausgenutzt zu werden. Generell half er jedoch gern, wenn er der Überzeugung war, daß seine Hilfe wirklich Bedürftigen zugute kam. Paul Meyerheim überliefert: »Er hat, wenn es sich um Unterstützung von hilfsbedürftigen Künstlern oder zu wohltätigem Zweck veranstalteten Basaren und Lotterien handelte, immer kostbare Blätter gespendet, mit deren Wert kein Beitrag der andern Wohltäter konkurrieren konnte. Bei Geldsendungen war er sein eigener Bote, damit niemand etwas davon erführe.«[23]

Gesellig ging es in jenen Jahren seines Lebens zu, in denen sein Schwager Hermann Krigar im selben Hause wohnte (also von 1859 bis 1880). Bildende Künstler, Musiker und Schriftsteller trafen sich hier oft, und Hausmusik war auf der Tagesordnung. Doch mit dem Tode Krigars wurde es stiller in Menzels Räumen. Und als 1882 auch seine engsten Freunde, der Arzt Dr. Wilhelm Puhlmann und der Archäologe Dr. Gustav Adolf Schöll, starben, begann sein Weg in die Einsamkeit.

Menzel litt sehr unter seinem Äußeren, besonders in jungen Jahren. Zu Dr. Max Jordan, dem ersten Direktor der Nationalgalerie, sagte er einmal: »Aber es wäre mir ganz nützlich gewesen, wenn ich die Akademie länger besucht hätte; nur, wissen Sie, es war ein gewisser Stolz im Wege: den Krüppel bedauert man – der Kleine wird belächelt. Das habe ich stark empfunden mein Leben lang, am stärksten in der Jugend.«[24] Sein Mißwuchs wirkte vielfältig auf sein

Verhalten zurück. Oft verhielt er sich schroff und abweisend, da er nicht Anlaß für Mitgefühl oder gar Mitleid geben wollte oder weil er sich zu wenig respektiert wähnte. So mißtraute er auch mancher Freundlichkeit, die ihm erwiesen wurde. Natürlich beeinflußte seine körperliche Erscheinung auch sein Verhältnis zu Frauen. In seinem Testament bekannte er: »Nicht allein, daß ich ehelos geblieben, habe ich auch lebenslang mich jederlei Beziehung zum anderen Geschlecht (als solchem) entschlagen.«[25] Ludwig Pietsch meinte: »Das Ewig-Weibliche hat, so viel man bemerken konnte, nie eine irgend wichtige Rolle in seinem Leben gespielt, hatte ihn nie ›hinan‹, aber freilich auch nie hinabgezogen, wie so viele Künstler.«[26] Große Verehrung hatte Menzel in jungen Jahren Friederike Arnold, der Tochter des Tapetenfabrikanten Carl Heinrich Arnold, entgegengebracht. Als sie sich 1850 mit dem Professor Henkel verheiratete, schrieb er ihrem Vater: »Ich wünsche vom Grund meines Herzens, daß Fritzchen [gemeint ist Friederike] das Glück haben möge, was ich, wenn ich mich in den Fall dächte, möchte in jeder Art bereiten können.«[27] Friederikes Bruder, Carl Johann Arnold, der längere Zeit Menzels Schüler war, äußerte über Menzel: »... er unterhielt sich sehr gern, oft Abende lang, mit Damen, die ihn in liebenswürdiger Unterhaltung auch geistig fesseln konnten.«[28] Ein Frauenfeind war Menzel also nicht.

Naheliegend ist, daß Menzel seine physische Benachteiligung durch die künstlerische Arbeit kompensieren wollte. Die Kunst ging ihm über alles. Dem Schriftsteller Ottomar Beta bekannte er: »Ich hatte ein Prinzip, damit fing ich an, und damit höre ich auf: alles, was ich angriff, so gut zu machen wie möglich, auch wenn es in den Augen der Leute geringfügige Dinge waren.«[29] Sein ganzer Ehrgeiz war darauf gerichtet, hohe künstlerische Leistungen zu erbringen, und so waren die Auszeichnungen, die sich in der zweiten Lebenshälfte mehrten und mehrten, für ihn alles in allem nur angenehme Begleiterscheinung. Fontane betonte: »Er war zeitlebens ein Meister der Konzentration und hat deshalb eine Kunstkarriere gemacht, ohne je ein Karrieremacher gewesen zu sein.«[30] Ohne nennenswerte akademische Ausbildung und ohne Protektion seitens des Staates oder eines Mäzens ist er seinen Weg gegangen. Mit Fug und Recht konnte Menzel 1878 dem Kunstschriftsteller Friedrich Pecht über seine Entwicklung sagen: »Wie ich mich grundsätzlich nie um etwas beworben, so bin ich auch nie irgend womit oder nie – weder vom Staate noch von Privatseiten – unterstützt worden.«[31]

Menzels offizielle Anerkennung begann in den 50er Jahren, in denen er sich vor allem mit den Gemälden zum Leben Friedrichs II. auch als Maler durchsetzte. 1853 wurde er Mitglied der Königlichen Akademie der Künste, drei Jahre darauf königlich preußischer Professor der Akademie, und 1875 wurde er in den Senat der Akademie gewählt. 1868 wurde er Ehrenmitglied der Wiener und 1885 der Petersburger Akademie der Künste, 1895 Mitglied auch der Akademien von Paris und London und 1899 schließlich Auswärtiges Mitglied der belgischen Akademie der Künste. Doch damit nicht genug: 1870 wurde er Mitglied, 1883 Vizekanzler und 1885 Kanzler der Friedensklasse des Ordens Pour le mérite, der 1740 von Friedrich II. gestiftet und 1842 von Friedrich Wilhelm IV. um eine »Friedensklasse für Wissenschaft und Künste« erweitert worden war. Übrigens war Menzel der zweite Künstler in der Geschichte dieses Ordens, dem der Vorsitz übertragen wurde. Nur der Maler und Zeichner Peter von Cornelius hatte vor ihm dieses Amt innegehabt. Anläßlich seines siebzigsten Geburtstages ernannte die Berliner Universität Menzel zum Ehrendoktor. Seine Vaterstadt Breslau machte ihn 1885, die Stadt Berlin 1895 zum Ehrenbürger. 1895 wurde er darüber hinaus auch zum »Wirklichen Geheimen Rat mit dem Prädikat Exzellenz« ernannt und 1898 zum Ritter des Schwarzen Adler-Ordens. Beide Auszeichnungen waren bis dahin keinem deutschen Künstler zuteil geworden. Mit der Verleihung des Schwarzen Adlerordens, des höchsten Ordens Preußens, war auch die Erhebung in den Adelsstand verbunden. Es ist bemerkenswert, daß Kaiser Wilhelm II., der Menzel sehr verehrte und selbst als Maler und Zeichner dilettierte, ihm das Adelswappen entworfen hat.

Der Ruhm Menzels nahm besonders in der Regierungszeit Wilhelms II. ein ungewöhnliches Ausmaß an. Der holländische Maler Jan Veth (1864-1925) bemerkte darüber 1904 mit einigem Recht: »Die zur Reichsresidenz erhobene Hauptstadt Preußens hat das Bedürfnis verspürt, einen Kaiser auch der Malerei zu proklamieren; die familienstolzen Hohenzollern wollten den plastischen Geschichtsschreiber des großen Fritz und seiner Heldentaten auffällig ehren, und des seltsamen Mannes hohes Alter läßt das Interesse an seiner bedeutenden Persönlichkeit noch fortwährend zunehmen.«[32] Nicht zuletzt diese kunst- und machtpolitischen Gründe, die die Ehrungen ohnegleichen mitbedingten, brachten den Künstler ins Visier jener, die solcherart Vorgehen kritisch vermerkten und Menzel wieder vom kaiserlichen Denkmalsockel nehmen wollten.

Trotz vielfältiger Bemühungen des Hofes ließ sich Menzel nur sehr begrenzt in die wilhelminische Politik einbeziehen. Unstreitig war ihm im Bereich der Kunst an einer Fortführung des erscheinungsgetreuen bürgerlichen Realismus gelegen, wie er sich in Berlin seit Chodowieckis Zeiten entwickelt hatte, und zweifelsohne hieß er den preußischen Weg zur Einigung Deutschlands gut, aber er bewahrte sich als Künstler und Mensch seine Lauterkeit und humanistische Gesinnung.

1874 dachte Menzel daran, eine Autobiographie zu schreiben. Leider kam er in diesem Jahr nur dazu, zwei Seiten zu verfassen und nach einer Pause von zwei Jahren noch eine weitere Seite; dann gab er den Plan auf. Sicherlich hätte er wenigstens bis zu einem gewissen Grade mit seinen Memoiren einigen Legendenbildungen, die gerade seit den 70er Jahren zunahmen, entgegentreten können. Aber wahrscheinlich wollte er das gar nicht. Und so vertiefen wir uns auch gern in die Anekdoten, die ein so unterhaltendes Beiwerk zur Biographie dieses Großen der Kunstgeschichte bilden und uns manchen Aufschluß über daß Denken von Zeitgenossen und Nachgeborenen über Menzel geben.

Gisold Lammel

1 Ottomar Beta, Neue Gespräche mit A. v. Menzel, in: Deutsche Revue, 24. Jg., 3. Bd., Juli bis Sept. 1899, S. 173
2 Ludwig Pietsch, Wie ich Schriftsteller wurde. Erinnerungen an die sechziger Jahre, Bd. 2, Berlin 1894, S. 120
3 Reinhold Begas, Zum Tode Adolf Menzels, in: Der Tag, Nr. 69 vom 10. Februar 1905, Morgen-Ausgabe
4 Brief vom 6.10.1878 an Friedrich Pecht, abgdr. bei Gustav Kirstein, Das Leben Adolph Menzels, Leipzig 1919, S. 104 und 106
5 Brief vom 1.7.1879 an Friedrich Pecht, abgdr. bei Gustav Kirstein, ebenda, S. 113
6 Brief vom 27.2.1869 an Fritz Werner, abgdr. bei Hans Wolff (Hrsg.), Adolph von Menzels Brief, Berlin 1914, S. 212
7 Ebenda, S. 211f.
8 Heinrich von Angeli, Über Menzel, in: Neue Freie Presse (Wien) vom 10. Februar 1905
9 Zit. bei Konrad Kaiser, Adolph Menzel. Gemälde, Aquarelle, Guaschen, Pastelle, Handzeichnungen, Schweinfurt 1969, S. 9
10 Zit. bei Paul Meyerheim, Adolf von Menzel. Erinnerungen, Berlin 1906, S. 129
11 Ludwig Pietsch, Persönliche Erinnerungen an Adolf v. Menzel, in: Velhagen & Klasings Monatshefte, Jg. 1904/05, 2. Bd., S. 206 und 208
12 Paul Meyerheim, a. a. O., S. 132
13 Zit. bei Otto Riedrich, in: Otto Riedrich und Paul Weiglein, Menzel auf Reisen, Berlin 1923, S. 16f.
14 Julius Hasselblatt (Pseudonym: Julius Norden), Bei Adolph Menzel, in: Die Gegenwart, Jg. 29, Bd. 58, 1900 (43), S. 261
15 Ebenda.

16 Brief vom 5.3.1836 an Carl Heinrich Arnold, abgdr. in: Hans Wolff (Hrsg.), a. a. O., S. 7

17 Im »Deutschen Kunstblatt« vom 5. Januar 1854

18 Abgdr. bei Werner Deetjen, Adolf Menzel und Adolf Schöll. Ungedruckte Briefe Menzels, in: Jb. d. preußischen Kunstsammlungen, 55. Bd., 1934, Beiheft, S. 32

19 Die »Prozession in Hofgastein« befindet sich in der Neuen Pinakothek in München und die »Schleiferei in der Schmiede zu Hofgastein« in der Hamburger Kunsthalle.

20 Heinrich von Angeli, Über Menzel, a. a. O.

21 Gustav Kirstein, a. a. O., S. 87

22 Ludwig Pietsch, Persönliche Erinnerungen an Adolf v. Menzel, a. a. O., S. 203

23 Paul Meyerheim, a. a. O., S. 154

24 Zit. bei Max Jordan, Menzel und die Nationalgalerie, in: Moderne Kunst in Meisterholzschnitten, Bd. XX, Berlin o.J. (1905), S. 99

25 Abgdr. bei Gustav Kirstein, a. a. O., S. 97

26 Ludwig Pietsch, Persönliche Erinnerungen an Adolf v. Menzel, a. a. O., S. 206

27 Brief vom 25.1.1850 an Carl Heinrich Arnold, abgdr. bei Hanz Wolff (Hrsg.), a. a. O., S. 141

28 Carl Johann Arnold, Erinnerungen aus meinem Zusammenleben mit Adolph Menzel, Weimar 1905, Bl. 7, ungedr. Manuskript im Archiv der Nationalgalerie Berlin

29 Ottomar Beta, Gespräche mit Adolf Menzel, in: Deutsche Revue, 23. Jg., 2. Bd., April bis Juni 1898, S. 51

30 Brief vom 21.12.1884 an Georg Friedländer, abgdr. in: Fontanes Briefe in zwei Bänden, Berlin und Weimar 1968, 2. Bd., S. 134

31 Abgdr. bei Gustav Kirstein, a. a. O., S. 108

32 Jan Veth: Streifzüge eines holländischen Malers in Deutschland, Berlin 1904, S. 50f.

Anmerkungen zu den Anekdoten

Physiognomisches Gedächtnis
Q: (5), S. 83f.; V: Helge Evers-Milner; K: Friedrichsaue – Gemeint ist Friedrichsaue im Oderbruch bei Küstrin. – Elisabeth – Elisabeth Menzel, geborene Preuß (gest. 1906), war die Tochter eines königlichen Domänenpächters im Oderbruch und verheiratete sich im Sommer 1864 mit Adolph Menzels Bruder Richard, der aber bereits am 14. Juli 1865 verstarb.

Verspätung
Q: (4), S. 280d; V: Axel Delmar (Pseudonym für Demandowski)

Verfehlter Trinkspruch
Q: (26); V: Hermann Roth

Nachdenken über das Alter
Q: (18), S. 303; V: Paul Lindenberg

Tierliebe
Q: (13), S. 789; V: Albert Hertel; K: »Hochkirch« – Gemeint ist das Gemälde »Friedrich II. und die Seinen bei Hochkirch« (1850-1856, Öl auf Leinwand, ehem. Berlin, Nationalgalerie, 1945 verbrannt). Ritterstraße – Menzel wohnte mit seinen Geschwistern von 1847 bis 1860 in der Ritterstraße 43.

Am Morgen etwas Gutes sehen
Q: (10), S.143; V: Alfred Georg Hartmann; K: Frederich – Weinrestaurant und Hotel in der Potsdamer Straße. Menzel pflegte vor seinen Sommerreisen für kurze Zeit dorthin zu ziehen, um den Urlaubsvorbereitungen, die seine Schwester in der Wohnung traf, zu entgehen. – »Hochkirchbild« – 1922 gelangte es in die Berliner Nationalgalerie.

Der Bücherfreund

Q: (3), S. 57; V: Ottomar Beta; K: P. Meyerheim – Paul Meyerheim (1842-1915), Sohn und Schüler von Eduard Meyerheim (1808-1879), hatte sich vor allem als Tiermaler einen Namen gemacht (»Löwen-Meyerheim«). Zu seinen wichtigsten Arbeiten zählen seine Wandbilder »Zur Geschichte der Lokomotive« für die Gartenhalle der Villa Borsigs (1870-1876, die meisten von ihnen heute im Märkischen Museum in Berlin). Wichtig wurden für ihn Anregungen, die von den Meistern der Schule von Barbizon und von Menzel ausgingen.

Steuerprobleme

Q: (16), S. 265f.; V: Joachim von Kürenberg

Soloessen

Q: (21), S. 54f.; V: Paul Meyerheim

Unpassende Fragen

Q: (22), S. 138; Hans Ostwald

Gescholtene Wache

Q: (10), S. 142f.; V: Alfred Georg Hartmann

Zylinderaffäre

Q: (22), S. 139, V: Hans Ostwald; K: Café Josty – war eine alte Konditorei am Potsdamer Platz. – Chapeau claque – ein zusammenklappbarer Zylinderhut. – Calandrelli – Alexander Calandrelli (1834-1903) schuf zahlreiche Denkmäler in Berlin, u. a. die Reiterstatue Friedrich Wilhelms IV. vor der Nationalgalerie (1886).

Kein Spielverderber

Q: (14), S. 99, V: Max Jordan; K: lendemain – (frz.) am Folgetag; – Ende – Hermann Ende (1829-1907) war Architekt und von 1895 bis 1904 Präsident der Akademie der Künste. –

Rencontres – (frz.) Begegnungen. Ludwig Pietsch – (1824 bis 1911) war Publizist und Zeichner, seit 1864 Mitarbeiter der Vossischen Zeitung. Er war mit Menzel und Fontane eng befreundet.

Weitsicht
Q: (10), S. 147f.; V: Alfred Georg Hartmann

Der verzeichnete Arm
Q: (7), S. 32; V: Moritz Geiß

Nichtachtung
Q: (10), S. 141f.; V: Alfred Georg Hartmann

Reisehaken
Q: (21), S. 57; V: Paul Meyerheim; K: »Hotel Leinfelder« – Es befand sich neben dem Künstlerhaus am Maximiliansplatz. Menzel legte Wert auf das Zimmer 14 oder 17, deren Fenster den Blick auf den Platz gestatteten.

Der unbequeme Stiefelzieher
Q: (10), S. 139; V: Alfred Georg Hartmann

Der Getretene
Q: (31); V: unbekannt

Richtigstellung
Q: (21), S. 58f.; V: Paul Meyerheim

Ablenkung
Q: (13), S. 792f.; V: Albert Hertel

Herz für schöne Frauen?
Q: (30); V: unbekannt

Irrtum
Q: (1); V: Heinrich von Angeli

Lob der Altersschönheit
Q: (13), S. 790; V: Albert Hertel; K: Gustav Richter – (1823 bis 1884) war in den 60er und 70er Jahren ein begehrter Porträtist in Berlin.

»Die Venusse überhaupt«
Q: (4), S. 280d; V: Axel Delmar

Über den Ehestand
Q: (16), S. 238; V: Joachim von Kürenberg

Bestialischer Vergleich
Q: (21), S. 51f.; V: Paul Meyerheim

Gespräch mit seiner Schwester
Q: (19); V: Hans Mackowsky

Der liebste Lorbeer
Q: (16), S. 69f.; V: Joachim von Kürenberg; K: das Bild – Gemeint ist der sogenannte Kasseler Karton, den Menzel 1847/48 für den Hessischen Kunstverein geschaffen hat. 1848 war die 3 x 6,5 m große Arbeit in der Berliner Akademieausstellung zu sehen, wo sie von vielen Seiten sehr kritisiert worden ist. 1866 kaufte Menzel den Karton von dem Auftraggeber zurück, und dreißig Jahre später, 1896, verkaufte er ihn wieder, und zwar an den Züricher Kunstsammler Henneberg. Später gelangte er ins Magdeburger Museum. Im 2. Weltkrieg wurde er zerstört. Menzel war mit dieser Arbeit nie so recht zufrieden gewesen.

Menzels 70. Geburtstag
Q: (16), S. 227; V: Joachim von Kürenberg

Fontanes »Auf der Treppe von Sanssouci«
Q: (16), S. 221; V: Joachim von Kürenberg; K: In dem Gedicht, in dem sich ein Dialog zwischen Fontane und Friedrich II. über Menzel entspinnt, legt der Dichter dem Preußenkönig die Worte in den Mund:

»(...) Aber eins sagt Ihm:
Ich lüd ihn ein (er mag die Zeit bestimmen
Ein Jahrer zehne will ich gern noch warten)«.

Der richtige Eindruck
Q: (16), S. 253 und 255; V: Joachim von Kürenberg; K: ein Porträt von Menzel – Das Menzelbildnis wurde von dem Berliner Maler Max Koner (1854-1900) geschaffen. – Der zitierte Brief Menzels wurde am 12. Juli 1895 in Bad Kissingen verfaßt und ist an Karl Becker (1820-1900), den damaligen Präsidenten der Akademie, gerichtet.

Praktische Überlegungen
Q: (21), S. 148f.; V: Paul Meyerheim; K: Seine Majestät – Gemeint ist Kaiser Wilhelm II. – Schwarzer Adlerorden – Menzel wurde 1898 zum Ritter des Schwarzen Adlerordens ernannt und damit zugleich in den Adelsstand erhoben. – roter Senatorenmantel – 1875 wurde Menzel in den Senat der Akademie gewählt.

Bürgerstolz
Q: (21), S. 149; V: Paul Meyerheim

Peinlicher Scherz des Kronprinzen Friedrich (III.)
Q: (16), S. 212; V: Joachim von Kürenberg; K: Dieser ritterliche Prinz – gemeint ist Friedrich III., der 1888 als Todkranker (Kehlkopfkrebs) nur 99 Tage als Kaiser regierte.

Charakter
Q: (17), S. 147; V: Max Liebermann

Im Senat der Akademie
Q: (29), S. 133; V: Anton von Werner

Abschiedsrede in der Akademie
Q: (16), S. 236; V: Joachim von Kürenberg

Überraschung in Sanssouci
Q: (10), S. 146f., V: Alfred Georg Hartmann; K: Diese Aufführung fand am 13. Juli 1895 statt. – Meister Joachim – Gemeint ist der Geigenvirtuose Joseph Joachim, der seit 1869 Direktor der neugegründeten Berliner Hochschule für Musik war.

Durchschaut
Q: (10), S. 140f.; V: Alfred Georg Hartmann

Honorarforderung
Q: (19); V: Hans Mackowsky; K: Arnhold – Gemeint ist der Kommerzienrat Eduard Arnhold, der eine bedeutende Kunstsammlung besaß. Er ließ das Haus zu Lebzeiten Menzels nicht abbrechen, weil er den Künstler sehr schätzte und ihm nicht einen Umzug zumuten wollte. – Taler – Auch nach der Umstellung der Währung auf Mark pflegte Menzel weiterhin nach Talern zu berechnen.

»Nie!«
Q: (26); V: Hermann Roth

»Nur Schönes!«
Q: (33); V: unbekannt; K: Hans von Hopfen – (1835-1904) war ein vielseitiger Dichter, Novellist, Dramatiker und Lyriker. Der gebürtige Münchner lebte seit 1866 in Berlin.

Immer ungelegen
Q: (15), S. 87; V: Gustav Kirstein

Widmung
Q: (18), S. 229; V: Paul Lindenberg; K: Lindenberg (1859-1944) lebte als Schriftsteller und Publizist in Berlin. Von 1882 bis 1894 gehörte er der Redaktion der »Deutschen Rundschau« in Berlin an. Er verfaßte zahlreiche Schilderungen Berlins und der Berliner.

Keine Menagerie
Q: (21), S. 40f.; V: Paul Meyerheim

Listige Damen
Q: (21), S. 42f.; V: Paul Meyerheim

Unliebenswürdig
Q: (27), 3, 1905, S. 264; V: Wilhelm Spohr; K: Herr von Werner Gemeint ist Anton von Werner (1843-1915). Er war seit 1875 Direktor der Berliner Akademie und über viele Jahre der offizielle Maler des deutschen Kaiserreichs. Er besaß eine äußerst enge Beziehung zum Hof und verherrlichte mit einer fast fotorealistisch anmutenden Gestaltungsweise die Reichspolitik. Er nahm großen Einfluß auf die Kunstverhältnisse in Berlin. Eine Zeitlang trat er gegen Menzel auf.

Der lästige Amerikaner
Q: (16), S. 226f.; V: Joachim von Kürenberg; K: Pesne – Antoine Pesne (1683-1757), ein französischer Maler, der 1710 nach Berlin berufen wurde und bis ans Lebensende preußischer Hofmaler war. Er schuf u. a. von 1738 bis 1740 mythologische Deckengemälde im Schloß Rheinsberg. – Stevenson – Robert Louis Balfour Stevenson (1850-1894), schottisch-englischer Schriftsteller, der u. a. »Die Schatzinsel« verfaßte. – Dumas – Alexandre Dumas d. Ä. (1802-1870) war ein bekannter Verfasser historischer Abenteuerromane und schrieb u. a. »Der Graf von Monte Christo«. – Paul Bourget – Charles-Joseph-Paul Bourget (1852-1935) war ein französischer Romanschriftstel-

ler, Lyriker, Dramatiker und Essayist. – Leslie Stephen – (1832 bis 1904) war ein namhafter englischer Kulturwissenschaftler, Kritiker und Schriftsteller. – Balzac – Honoré de Balzac (1799 bis 1850), französischer Romancier, war Hauptvertreter des bürgerlich-kritischen Realismus; er schrieb den Romanzyklus »Die menschliche Komödie«. – Samuel Richardson – (1689 bis 1761), ein englischer Schriftsteller, schuf u. a. den Briefroman »Pamela, oder die belohnte Tugend«. – Thomas Moore – (1779 bis 1852), ein irischer romantischer Dichter, der u. a. die orientalische Verserzählung »Lalla Rookh« verfaßte. – Eugene Sue – (1804-1857), ein französischer Romancier, der u. a. »Die Geheimnisse von Paris« schrieb. – Two very big dogs! – (engl.) Zwei sehr große Hunde!

Keine Reklamebildert

Q: (3), S. 47f.; V: Ottomar Beta; K: Ernestine Wegner – (1850 bis 1883), war als Schauspielerin und Soubrette am Berliner Wallnertheater (genannt nach dem Theaterleiter Franz Wallner) tätig.

Sonderbarer Vergleich

Q: (12), S. 683; V: Albert Hertel; K: Frau Duse – Eleonora Duse (1858-1924), italienische Schauspielerin, spielte in Berlin 1893 die Magda in Sudermanns »Heimat«. Sie gehörte zu den bedeutendsten Tragödinnen der europäischen Schauspielkunst und leistete einen wichtigen Beitrag zum realistisch orientierten Theater.

Wo bleibt die Skizze?

Q: (20), S. 8f.; V: Franz Hermann Meissner

Verpaßte Studienmöglichkeit

Q: (23), S. 197f.; V: Ludwig Pietsch; K: O. Wisniewski – Oskar Wisniewski (1819-1891), ein Berliner Maler und Radierer, der mit Menzel befreundet war. – Ludwig Burger – (1825-1884),

Maler und Graphiker, war Schüler der Berliner Akademie. – Arnold – Carl Johann Arnold (1829-1916), Sohn des mit Menzel befreundeten Tapetenfabrikanten Carl Heinrich Arnold, arbeitete häufiger unter Anleitung Menzels. Später lebte er als Hofmaler in Weimar. – Riefstahl – Wilhelm Ludwig Friedrich Riefstahl (1827-1888), Schüler der Berliner Akademie, lehrte später an der Kunstschule in Karlsruhe und war seit 1878 in München wirksam. – Franz Meyerheim – (1838-1880) war der älteste Sohn des Malers Eduard Meyerheim und Schüler der Berliner Akademie. – Amberg – August Wilhelm Leberecht Amberg (1822-1899), seit 1869 Mitglied der Berliner Akademie, war stark von den französischen Malern der »paysage intime« beeinflußt und schuf z. T. impressionistische Studien. – Gustav Richter – (1823-1884), Schüler der Berliner Akademie, war in den 60er und 70er Jahren ein sehr gefragter Bildnismaler.

Modellstudien
Q: (2); Blatt 5; V: Carl Johann Arnold; K: Besagte Reiterstudie machte Menzel in den 50er Jahren.

Arglos
Q: (19); V: Hans Mackowsky

Zeichnerischer Auftakt
Q: (10), S.135; V: Alfred Georg Hartmann; K: Allers – Christian Wilhelm Allers (1857-1915), Maler und Graphiker, schuf u. a. den Zyklus »Spreeathener« (30 Lithographien).

Selbststudium
Q: (21) S. 57f.; V: Paul Meyerheim; K: Gast eines intimen Freundes – Gemeint ist der Berliner Bankier und Kunstsammler Magnus Herrmann, dessen Schwiegersohn der Berliner Maler Albert Hertel war. Im Hofgasteiner Ferienhaus Herrmanns wohnte Menzel in den Sommern der Jahre 1872-1874.

Maus und Vorbeimarsch
Q: (21), S. 43f.; V: Paul Meyerheim; K: 1871 – Gemeint ist der Truppeneinzug zur Siegesfeier am 16. Juni 1871.

Immer Künstler und Beobachter
Q: (21), S. 48f.; V: Paul Meyerheim

Der Karabinerhaken
Q: (27), 3, 1905, S. 264; V: Wilhelm Spohr; K: in einem Dorfe bei Fontainebleau – Die Maler der sogen. Schule von Fontainebleau (häufiger als Schule von Barbizon bezeichnet, genannt nach dem Dorf Barbizon im Walde von Fontainebleau, südöstlich von Paris gelegen) begründeten im mittleren Jahrhundertdrittel die realistische Strömung der intimen Landschaftsmalerei (»paysage intime«).

Unerfüllte Erwartung
Q: (21), S. 49-51; V: Paul Meyerneim; K: tournüre – tournure (frz.) Wendung

Essen für die Kunst
Q: (21), S. 55-57; V: Paul Meyerheim

Ungelegene Freundlichkeit
Q: (10), S.146; V: Alfred Georg Hartmann

»Stillgestanden!«
Q: (21), S. 30f.; V: Paul Meyerheim; K: peremptorisch – (lat.) endgültig; hier: keinen Einspruch duldend.

Auf dem Hochstand
Q: (21), S. 44f.; V: Paul Meyerheim; K: »Ballsouper« – Das Gemälde »Das Ballsouper« (1878, Öl auf Leinwand) befindet sich in der Nationalgalerie in Berlin.

Nichts drin
Q: (25), S. XVII; V: E. G. Rote; K: Elisabeth Milner, geborene Preuß, war die Schwägerin Adolph Menzels. Nach Richard Menzels Tod heiratete sie den Engländer Milner.

Günstige Gelegenheit
Q: (24), S. 83; V: Emil Pirchan

Gezeichnete Rache
Q: (24), S. 129; V: Emil Plrchan

Schadenersatz
Q: (21), S. 31f.; V: Paul Meyerheim; K: Wir waren drei Brüder – Von den drei Söhnen Eduard Meyerheims (1808-1879) waren zwei wie der Vater Maler geworden: Franz (1838-1880) und Paul (1842-1915). Insbesondere zu Eduard und Paul Meyerheim hatte Adolph Menzel engen persönlichen Kontakt.

Der geborgte Taler
Q: (8), S. 78; V: Hans Geller

Rekonstruktion
Q: (27), 3, 1905, S. 263; V: Wilhelm Spohr

Die teure Vignette
Q: (16), S. 246; V: Joachim von Kürenberg; K: Hugo Bruckmann – dessen Vater, Friedrich Bruckmann (1814-1898), hatte 1858 den »Verlag für Kunst und Wissenschaft« in Frankfurt a. M. gegründet. 1863 übersiedelte er mit dem Verlag nach München, 1884 gründete Friedrich Bruckmann dort die »Photographische Union« und 1885 die Kunstzeitschrift »Kunst für Alle«.

Menzel zeichnet Lichtwark
Q: (27), 18, 1920, S. 470; V: Wilhelm Spohr; K: Lichtwark –

Alfred Lichtwark (1852-1914), deutscher Kunsthistoriker und Kunstpädagoge, war von 1886 bis 1914 Direktor der Hamburger Kunsthalle.

Überarbeitung in Kissingen

Q: (21), S. 67-69; V: Paul Meyerheim; K: Table d'hôte – (frz.) Mittagstisch. – Es handelt sich hier um das Bild »Frühmorgens im Nachtschnellzug« (1877; Verbleib unbekannt). In den letzten Jahrzehnten hat Menzel des öfteren ältere Bilder seiner Hand überarbeitet.

Der rechte Mann

Q: (23), S. 200; V: Ludwig Pietsch; E: Rauch – Christian Daniel Rauch (1777-1857) war der bedeutendste deutsche Bildhauer der ersten Jahrhunderthälfte. Sein Hauptwerk ist das Reiterdenkmal Friedrichs II. in Berlin (1840-1851). – Bläser – Gustav Bläser (1813-1874) war Rauch-Schüler. Sein Hauptwerk ist das Reiterdenkmal Friedrich Wilhelms III. in Köln. – Albert Wolff (1814-1892), gleichfalls Rauch-Schüler, war seit 1866 als Lehrer an der Berliner Akademie wirksam. Er schuf u. a. den Löwenkämpfer auf einer Treppenwange des Alten Museums in Berlin. – Drake – Friedrich Drake (1805-1882), ebenfalls Rauch-Schüler, entwarf u. a. die Viktoria auf der Siegessäule im Berliner Tiergarten.

Arbeit am »Hochkirch-Bild«

Q: (21), S. 25; V: Paul Meyerheim; K: Menzel arbeitete von 1850 bis 1856 an diesem Gemälde (1945 verbrannt).

»Quasi Leichenzug«

Q: (15), S. 61f.; V: Gustav Kirstein; K: Albert Hertel – (1843 bis 1912) war ein Berliner Maler und mit Menzel befreundet.

Kopfzerbrechen über das »Théâtre du Gymnase«

Q: (16), S. 108f.; V: Joachim von Kürenberg; K: »Théâtre du

Gymnase« – das Ölbild befindet sich in der Nationalgalerie Berlin. – Jahreszahl 1855 – Es muß 1856 heißen, denn das Gemälde ist links unten bezeichnet: Menzel 1856.

Studien zum »Krönungsbild«
Q: (16), S. 125; V: Joachim von Kürenberg; K: Menzel erhielt den Auftrag zum »Krönungsbild« am 12. Oktober 1861 von dem liberalen Kultusminister Moritz August von Bethmann-Hollweg (1795-1877) übermittelt. Er reiste zusammen mit dem Graphiker und Maler Fritz Werner (1827-1908) zu der Krönungsfeierlichkeit nach Königsberg, die am 18. Oktober 1861 erfolgte. Menzel fertigte dort zahlreiche Skizzen an. Am 16. Dezember 1865 beendete er die Arbeit an dem Gemälde.

Sitzung zum »Krönungsbild«
Q: (16), S. 133f.; V: Joachim von Kürenberg

Wortgefecht mit Wrangel (Variante 1)
Q: (21), S. 17f.; V: Paul Meyerheim; K: Wrangel – Friedrich Heinrich Ernst Graf von Wrangel (1784-1877) war preußischer Generalfeldmarschall und führender Militär in der Konterrevolution in Preußen. Er half erheblich mit, den Staatsstreich vom 15.12.1848 vorzubereiten.

Wortgefecht mit Wrangel (Variante 2)
Q: (10), S. 134f.; V: Alfred Georg Hartmann

Malerstolz
Q: (32); V: unbekannt; K: W. von Kaulbach – Wilhelm von Kaulbach (1805-1874) war Schüler von Peter von Cornelius (1783-1867). 1849 wurde er Akademiedirektor in München und Mitglied der Berliner Akademie. Er bot in vielen Bildern eine national gestimmte, gefällige und effektvolle Repräsentationskunst, die aus heutiger Sicht zum überwiegenden Teil theatralisch, kalt und routiniert wirkt.

Freiherr von Patow über das »Krönungsbild«
Q: (16), S. 135; V: Joachim von Kürenberg; K: Patow – Erasmus Robert Freiherr von Patow (1804-1890), war im Ministerium der »Neuen Ära« Finanzminister (1858-1862). – von der Heydt – August Freiherr von der Heydt (1801-1874), wie von Patow ein gemäßigter Liberaler, war Handelsminister in Preußen bis 1862 und Finanzminister von 1866 bis 1869. – so riesigen Schinken – Hier muß allerdings angemerkt werden, daß Krönungsbilder wegen ihres Repräsentationsanspruchs immer großformatig waren. Das Gemälde »Die Weihe des Kaisers Napoleon und Krönung der Kaiserin Josephine in der Kathedrale Notre-Dame in Paris am 2. Dezember 1804« (1806/07, Paris, Louvre) ist z. B. noch wesentlich größer als Menzels »Krönungsbild«. Darüber hinaus läßt sich im Laufe des 19. Jahrhunderts generell eine stärkere Hinwendung zu großformatigen Ereignis- und Historienbildern feststellen.

Ergänzung
Q: (29), S. 132; V: Anton von Werner; K: »Eisenwalzwerk« – Das Gemälde, zwischen 1872 und 1875 entstanden, befindet sich in der Berliner Nationalgalerie. Im übrigen hat Menzel des öfteren Fotos durch Zeichnungen ergänzt.

Modellstudie zur »Hofgasteiner Prozession«
Q: (16), S. 198; V: Joachim von Kürenberg, K: »Hofgasteiner Prozession« – Das Gemälde, 1880 entstanden, befindet sich in der Münchner Neuen Pinakothek. Es zeigt eine Fronleichnamsprozession und verschiedene Reaktionen von Einheimischen und Kurgästen auf dieses Geschehen.

»Ach was, Poussin!«
Q: (13), S. 792; V: Albert Hertel; K: Poussin – Nicolas Poussin (1594-1665) war ein Hauptmeister der französischen Kunst des 17. Jahrhunderts und der klassizistischen Richtung. Seine stark idealisierten Darstellungen interessierten Menzel nicht.

Keine Sentimentalität
Q: (21), S. 145; V: Paul Meyerheim

Horror vacui
Q: (21), S. 145f.; V: Paul Meyerheim; K: Horror vacui – (lat.) Scheu vor der Leere.

Eingeständnis
Q: (21), S. 142; V: Paul Meyerheim; K: Oberländer – Adolf Oberländer (1845-1923) war seit 1863 Zeichner bei den »Fliegenden Blättern«, für die er zahlreiche Karikaturen zeichnete. Neben Wilhelm Busch (1832-1908) war er der herausragendste deutsche Humorzeichner der zweiten Hälfte des 19. Jahrhundert.

Vergebliche Mühe
Q: (10), S. 139f.; V: Alfred Georg Hartmann

Gespräch über die Schönheit
Q: (5), S. 80f.; V: Helge Evers-Milner; K: meine Mutter – gemeint ist Elisabeth Milner, die 1864/65 mit Adolph Menzels Bruder Richard verheiratet war.

Talent und Charakter
Q: (11). S. 100; V: Agathe Herrmann

Befürchtung
Q: (4), S. 278; V: Axel Delmar; K: »Am Kreuzberg in Berlin« – Das 1847 entstandene Ölbild befindet sich im Märkischen Museum in Berlin.

Indirektes Urteil
Q: (2); V: Carl Johann Arnold; K: Prof. Grimm, Kassel – Ludwig Grimm (1790-1865) betrachtete das Gemälde »Mohrentaufe«, das er 1841 in Kassel ausstellte, als seine wichtigste

Arbeit. Als Radierer brachte er Besseres hervor denn als Maler. Die hier wiedergegebene Begegnung Menzels mit Grimm erfolgte 1841, als er als Gast Arnolds in Kassel weilte.

Gutachten für den Kaiser
Q: (16), S. 249f.; V: Joachim von Kürenberg

Bismarck nackt?
Q: (16), S. 165; V: Joachim von Kürenberg; K: zwei große Bildnisse von Moltke und Bismarck – Sie befinden sich im Neuen Palais in Potsdam. – Brera – Das seit 1651 erbaute Jesuitenkonvikt, das 1776 Sitz der Kunstakademie wurde und eine bedeutende Kunstsammlung enthält.

Kommentar zu einem Menzelporträt
Q: (19); V: Hans Mackowsky

Schlagfertig
Q: (24), S. 135f.; V: Emil Pirchan

Juror Menzel
Q: (21), S. 158f.; V: Paul Meyerheim

Provokative Frage
Q: (9), S. 351; V: Maximilian Harden; K: Becker – Karl Becker (1820-1900) war seinerzeit ein bekannter Historienmaler, der sich vor allem an der venezianischen Malerei des 16. Jahrhunderts orientiert hatte.

Über Anton von Werner
Q: (16), S. 207; V: Joachim von Kürenberg; K: A. v. Werner – Anton von Werner (1843-1915), Maler und Graphiker, seit 1875 Direktor der Berliner Akademie. – Krügersche Nachzeit – Franz Krüger (1797-1857), Professor an der Berliner Akademie und preußischer Hofmaler, war besonders durch seine

Pferdebilder und Paradendarstellungen bekannt geworden. Er legte großen Wert auf die erscheinungsgetreue Wiedergabe von Details, erzielte zugleich immer auch eine malerische Gesamtwirkung. – Böcklin – Der Schweizer Maler Arnold Böcklin (1827-1901) schuf stark emotional betonte idealisierende Bilder mit Farben von faszinierender Leuchtkraft, dabei Tendenzen romantischer wie klassizistischer Kunst fortführend. – Floerke – Gustav Floerke (1846-1898) war Kunsthistoriker und lernte Böcklin 1881 in Florenz kennen. Er schrieb u. a. »Arnold Böcklin und seine Kunst« (München 1921), wo auch diese Äußerung Böcklins über Werner enthalten ist.

Über Lenbach
Q: (16), S. 203; V: Joachim von Kürenberg; K: Franz von Lenbach (1836-1904) gehörte zu den beliebtesten Porträtisten der »Gründerzeit«. 1878 lernte er Bismarck kennen, und in der Folgezeit fertigte er ca. 80 Bismarck-Bildnisse an. Lenbach gab die Figuren zumeist in ein Halbdunkel und orientierte sich dabei an Tizians und Rembrandts Bildnisauffassungen.

Über Liebermanns »Simson und Delila« (Variante 1)
Q: (27), 3/1905 S. 263; V: Wilhelm Spohr; K: Liebermann – Max Liebermann (1847-1935), ein Hauptvertreter des deutschen Impressionismus, beteiligte sich 1898 an der Gründung der Berliner Sezession, die in Opposition zur Akademie und der durch Anton von Werner vertretenen wilhelminischen Kunstpolitik stand. – »Simson und Delila« – Das 1902 entstandene Ölbild befindet sich im Städelschen Kunstinstitut in Frankfurt a. M.

Über Liebermanns »Simson und Delila« (Variante 2)
Q: (21), S. 136; V: Paul Meyerheim

Über Böcklin
Q: (16), S. 205; V: Joachim von Kürenberg; K: Böcklin – Arnold

Böcklin (1827-1901), Schweizer Maler. – »Sankt Anton predigt den Fischen« – Das 1892 geschaffene Bild befindet sich im Züricher Kunsthaus.

Vor Böcklins Pietà

Q: (19); V: Hans Mackowsky; K: Schulte – Eduard Schulte war seit 1886 Inhaber des ehemaligen Kunstsalons von N. L. Lepke in Berlin. – Böcklins Pietà– Das 1873 geschaffene Gemälde ist dann in die Berliner Nationalgalerie gekommen. Seit 1945 ist das Bild verschollen.

Über Reinhold Begas

Q: (21), S. 147; V: Paul Meyerheim; K: Reinhold Begas (1831 bis 1911) – Er war der bedeutendste deutsche Bildhauer des letzten Jahrhundertdrittels. Er verband realistische Auffassungen mit neubarocken und schuf Figuren von starker Lebensnähe und praller Sinnlichkeit. Zu seinen bekanntesten Werken zählen das Schillerdenkmal (1863-1871) vor dem Berliner Schauspielhaus und der Neptunbrunnen vor dem Berliner Rathaus (1891-1896).

Über Begas' Menzel-Büste

Q: (16), S. 240; V: Joachim von Kürenberg; K: Besagte Arbeit (1877, Marmor) befindet sich in der Berliner Nationalgalerie. Das Gipsmodell zur Marmorbüste entstand um 1875. Begas formte im übrigen auch später die Hände Menzels ab und fertigte die Totenmaske des Künstlers an. – David d'Angers – Pierre-Jean David d'Anger (1788-1856), der zu den wichtigsten französischen Bildhauern seiner Zeit zählte, war dem Klassizismus verpflichtet. Er porträtierte viele berühmte Zeitgenossen, u. a. auch Goethe und Schiller. – Le profil c'est l'homme! – (frz.) Das Profil ist der Mensch!

Menzel und Jozef Israëls

Q: (21), S. 139f.; V: Paul Meyerheim; K: Jozef Israëls (1824 bis

1911) Der holländische Maler und Graphiker schilderte vor allem das Leben der holländischen Küstenbewohner, wobei er von der Gestaltungsweise her Anregungen aus der holländischen Kunst des 17. Jahrhunderts, insbesondere aus der Rembrandts, aufnahm. – Schilderij – (holländisch) Gemälde.

Lieblingslektüre
Q: (28), S. 284; V: Jan Veth; K: »Punch« – Der »Punch«, die führende englische humoristische Zeitschrift, erschien seit 1841. Besonders schätzte Menzel die dort abgebildeten Zeichnungen von Charles Keene (1823-1891). Beide Künstler standen im Briefverkehr und schenkten sich gegenseitig Arbeiten.

Über den »Punch«
Q: (21), S. 137; V: Paul Meyerheim.

Courbet bittet zur Kasse
Q: (21), S. 80-84; V: Paul Meyerheim; K: Courbet – Gustave Courbet (1819-1877) war der bedeutendste Realist der französischen Malerei. Zu seinen wichtigsten Gemälden zählen »Die Steinklopfer« (1849, ehemals Dresden, Gemäldegalerie, im 2. Weltkrieg zerstört) und das »Begräbnis in Ornans« (1850, Paris, Louvre). Bereits 1855 zeigte er in einem Pavillon (mit der Aufschrift über dem Eingang: »Realismus. G. Courbet: Ausstellung von 40 seiner Bilder«) nahe der Kunstgalerie der Pariser Weltausstellung eine umfängliche Kollektion seiner Arbeiten, die in programmatischer Weise seine realistische Gestaltungskonzeption deutlich machte. 1867 organisierte er eine noch größere Ausstellung seiner Werke (sie umfaßte 137 Arbeiten), und zwar wiederum in einem gesonderten Pavillon in der Nähe der Weltausstellung. Diese erste große Retrospektive an der place de l'Alma besuchte Menzel mit Paul Meyerheim. – Tourniquet – (frz.) Drehkreuz. – Passepartout – (frz.) Dauerkarte. – blagueur – (frz.) Aufschneider. – Cela m'a dégoûté la sculpture – (frz.) Das hat mir die Bildhauerei verleidet.

Bei Meissonier in Poissy

Q: (16), S. 155f.; V: Joachim von Kürenberg; K: Ernest Meissonier (1815-1891) – Der französische Maler schuf Historien-, Ereignis- und Genrebilder, deren miniaturartige Feinheit seinerzeit sehr bewundert wurde. Zu seinen bedeutendsten Gemälden zählt die Folge zu Napoleon I. Menzel hielt sich von Anfang Juni bis Juli 1867 in Paris auf, wo er sich insbesondere die Weltausstellung, aber auch Courbets Ausstellungspavillon ansah. Menzel besuchte während dieses Parisaufenthaltes Meissonier in Poissy. Bereits 1862 hatten sich die beiden Künstler in Berlin kennengelernt. – Ricard – Gustave Ricard (1823-1873) war ein französischer Maler, der in erster Linie als Porträtist in Erscheinung trat. – Aux Gnomes – (frz.) für Gnome.

Gegenrede über die Fotografie

Q: (21), S. 20f.; V: Paul Meyerheim; K: Prof. Vogel – Hermann W. Vogel (geb. 1834), Redakteur der »Photographischen Mitteilungen«, schrieb u. a. das »Handbuch der Photographie« (Berlin 1870).

Ein Fotograf im Atelier

Q: (21), S. 37; V: Paul Meyerheim; K: Menzel hat 1895 das Blatt »Kehraus« mit Bleistift gezeichnet. Es gibt sein Atelier mit umgestürztem Hocker wieder.

Ablenkungen im Theater

Q: (21), S. 110f.; V: Paul Meyerheim; K: »Don Juan« – Gemeint ist Mozarts Oper »Don Giovanni«. – Gerhart Hauptmann – (1862-1946) Er war der bedeutendste deutsche Dramatiker des Naturalismus. 1892 schuf er sein Hauptwerk »Die Weber«.

Liebe als retardierendes Element

Q: (21), S. 117f.; V: Paul Meyerheim; K: Ludwig Barnays (1842 bis 1924) – Er war Schauspieler und Theaterdirektor, Mitbegründer des Deutschen Theaters und der Genossenschaft Deutscher Bühnenangehöriger. – Wallenstein – gemeint ist Friedrich Schillers »Wallenstein«.

Der Handkuß

Q: (21), S. 116f., V: Paul Meyerheim; K: Eleonore Duse (1858 bis 1924), italienische Schauspielerin.

Über das Aussehen eines Schurken

Q: (21), S. 118f.; V: Paul Meyerheim; K: Kahle – Richard Kahle (1842-1916) wirkte von 1870 bis 1899 am Königlichen Schauspielhaus in Berlin. Besonders erfolgreich war er als Lear, Richard III., Mephisto und Franz Moor.

Mozartverehrung

Q: (11), S. 99; V: Agathe Herrmann; K: Diese Begebenheit fand in den 70er Jahren statt.

Über das Geniale

Q: (12), S. 683; V: Albert Hertel.

In Brahms' Arbeitszimmer

Q: (21), S. 113f., V: Paul Meyerheim; K: Brahms – Johannes Brahms (1833-1897) war einer der bedeutendsten Sinfoniker seiner Zeit. Er lebte seit 1862 in Wien, wo Menzel sein Arbeitszimmer aufsuchte.

Knappe Einweisung

Q: (21), S. 150; V: Paul Meyerheim; K: Helmholtz – Hermann Helmholtz (1821-1894), Physiologe und Physiker, war seit 1871 als Professor an der Berliner Universität wirksam.

Dialog mit Mommsen

Q: (21), S. 130f.; V: Paul Meyerheim; K: Mommsen – Theodor Mommsen (1817-1903) wurde 1858 Professor der alten

Geschichte in Berlin. Er veröffentlichte bahnbrechende Arbeiten zur römischen Geschichte und Rechtsgeschichte. 1902 erhielt er als erster Deutscher den Nobelpreis für Literatur. – Lex Heinze – Menzel trat 1900 gegen die »Lex Heinze« auf, einen Gesetzentwurf, der auf die Unterdrückung der Meinungsfreiheit und die Knebelung der Kunst aus war. – Goethe-Bund – Am 26. März 1900 erfolgte eine gegen die »Lex Heinze« gerichtete Proklamation des Goethe-Bundes.

Quellenverzeichnis

(1) Heinrich von Angeli, Über Menzel, in: Neue Freie Presse (Wien) vom 10. Februar 1905

(2) Carl Johann Arnold, Erinnerungen aus meinem Zusammenleben mit Adolph Menzel, Weimar 1905, ungedr. Manuskript im Archiv der Berliner Nationalgalerie

(3) Ottomar Beta, Gespräche mit Adolf Menzel, in: Deutsche Revue, 23. Jg., 2. Bd., April bis Juni 1898, Stuttgart und Leipzig 1898

(4) Axel Delmar (= von Demandowski), Die kleine Exzellenz, in: Die Woche (Berlin), Heft 7, 1905

(5) Helge Evers-Milner, Ein Frauenbild aus der Menzelzeit, Berlin 1940

(6) Werner Fuchs-Hartmann, Die Berliner Anekdote im 19. Jahrhundert, Berlin 1931

(7) Moritz Geiß, Brief vom 28.10.1852 an Adolf Schöll, abgedr. bei Werner Deetjen, Adolf Menzel und Adolf Schöll. Ungedruckte Briefe Menzels, in: Jahrbuch der preußischen Kunstsammlungen, 55. Bd., 1934, Beiheft

(8) Hans Geller, Curiosa, Leipzig 1955

(9) Maximilian Harden, Köpfe, Berlin 1910

(10) Alfred Georg Hartmann, Das Künstlerwäldchen. Maler-, Bildhauer- und Architektenanekdoten, Berlin 1917

(11) Agathe Hermann, Wie ich Menzel kannte, in: Moderne Kunst in Meister-Holzschnitten, XX. Bd., Berlin 1905

(12) Albert Hertel, Gespräche mit Menzel, in: Süddeutsche Monatshefte, 9. Jg., 1. Bd., Oktober 1911 bis März 1912

(13) Albert Hertel, Erinnerungen an Menzel, in: Süddeutsche Monatshefte, 9. Jg., 1. Bd., Oktober 1911 bis März 1912

(14) Max Jordan, Menzel und die Nationalgalerie. Erinnerungen, in: Moderne Kunst in Meister-Holzschnitten, XX. Bd., Berlin 1905

(15) Gustav Kirstein, Das Leben Adolph Menzels, Leipzig 1919
(16) Joachim von Kürenberg (= Joachim von Reichel), Menzel – Die kleine Exzellenz, Berlin (1935)
(17) Max Liebermann, Die Phantasie in der Malerei. Schriften und Reden, Berlin 1983
(18) Paul Lindenberg, Es lohnte sich, gelebt zu haben. Erinnerungen, Berlin 1941
(19) Hans Mackowsky, Geschichten über Adolph v. Menzel, in: Bilder-Courier, Tägliche illustrierte Beilage zum Berliner Börsen-Courier Nr. 126 vom 6. August 1924
(20) Franz Hermann Meissner, Adolph von Menzel, Berlin und Leipzig 1902
(21) Paul Meyerheim, Adolf von Menzel. Erinnerungen, Berlin 1906
(22) Hans Ostwald, Der Urberliner, Berlin o. J.
(23) Ludwig Pietsch, Persönliche Erinnerungen an Adolf v. Menzel, in: Velhagen & Klasings Monatshefte, 19. Jg., 2. Bd., 1904/05
(24) Emil Pirchan, Künstlerbrevier, Wien 1939
(25) E. G. Rote, Vorwort in: Helge Evers-Milner, Ein Frauenbild aus der Menzelzeit, Berlin 1940
(26) Hermann Roth, Münchner Menzel-Erinnerungen, in: Münchner Neueste Nachrichten, Nr. 72 vom 14. Februar 1905
(27) Wilhelm Spohr, in: Kunst und Künstler, 3. Jg., 1905, und 18. Jg., 1920
(28) Jan Veth, Charles Keene 1823-1891, in: Kunst und Künstler, 6. Jg., 1908
(29) Anton von Werner, Erlebnisse und Eindrücke 1870-1890, Berlin 1913
(30) Anonym, Lokales, in: Berliner Börsen-Courier Nr. 70 vom 10. Februar 1905
(31) Anonym, in: Münchner Neueste Nachrichten Nr. 72 vom 14. Februar 1905

(32) Anonym, Das Krönungsbild Menzels, in: Die Post (Berlin), Nr. 71 und 72 vom 11. Februar 1905.

(33) Anonym, Menzel-Anekdoten, in: Der Tag (Morgenausgabe), Nr. 69 vom 10. Februar 1905.

Editorische Notiz

Der Herausgeber fügte 125 authentische Texte von ca. 30 Autoren zu der vorliegenden Sammlung. Die Überschriften der Anekdoten und die in eckigen Klammern eingeschlossenen Zusätze stammen vom Herausgeber. Rechtschreibung und Zeichensetzung wurden den heute gültigen Regeln angeglichen. Am Ende jeder Anekdote erscheint eine in runde Klammern gesetzte Zahl, die auf das Quellenverzeichnis verweist. Im Anmerkungsteil wird für jede Anekdote die Zahlenangabe der Quelle (Q), die Seitenzahl der Quelle und der Name des Erzählers bzw. der Erzählerin (V, Verfasser) angegeben. Gelegentlich erfolgen auch kurze Erläuterungen (K, Kommentar).

Inhalt

Anekdoten von Friedrich II.

»Fritz ist ein Querpfeifer und Poet. Er macht sich nichts aus Soldaten und wird mir meine ganze Arbeit verderben!« Diese Äußerung von Friedrichs Vater, dem König Friedrich Wilhelm, sollte sich einerseits bestätigen, andererseits nicht. Immerhin wurde Friedrich II. (1712 bis 1986) der Große genannt, auch wegen seiner militärischen Erfolge. Und als ihn der türkische Sultan einmal darum bat, ihm die drei Astrologen zu schicken, durch deren Gelehrsamkeit Friedrich alle wunderbaren Siege errungen habe, antwortete der: Die drei Astrologen seien einmal sein politischer Sachverstand, zum zweiten seine Armee und zum dritten sein Staatsschatz. Leider könne er aber auf keines der drei Dinge verzichten.

Gesammelt und herausgegeben von Walter Püschel

144 Seiten, 9,90 Euro

ISBN 978-3-359-00951-7

EULENSPIEGEL VERLAG

ISBN 978-3-359-00950-4

2. Auflage dieser Ausgabe

Umschlaggestaltung: Matthias Gubig
Druck und Bindung: Salzland Druck, Staßfurt

Ein Verlagsverzeichnis schicken wir Ihnen gern:
Eulenspiegel · Das Neue Berlin Verlags-
gesellschaft mbH & Co. KG
Neue Grünstr. 18, 10179 Berlin
Tel. 01805/30 99 99
(0,14 Euro/min. aus dem deutschen Festnetz, abweichende Preise für Mobilfunkteilnehmer)

Die Bücher des Eulenspiegel Verlags
erscheinen in der Eulenspiegel Verlagsgruppe.

www.eulenspiegel-verlag.de